世界経済の潮流

2023年 II

中国のバランスシート調整・
世界的なサービス貿易の発展

令和6年2月

内閣府

政策統括官（経済財政分析担当）

お問い合わせは、内閣府政策統括官（経済財政分析担当）付
参事官（海外担当）付までご連絡下さい。

　　　　　　電話： 03-6257-1581　　（ダイヤルイン）

まえがき

　「世界経済の潮流」（以下「潮流」という。）は、内閣府が年2回公表する世界経済の動向に関する報告書です。今回で43回目となる潮流は「中国のバランスシート調整・世界的なサービス貿易の発展」との副題を付しています。

　世界の景気動向をみると、アメリカでは個人消費を中心に景気は回復基調にあります。その背景には、家計のバランスシートの改善があり、家計の総資産に対する負債の比率は過去20年間で最低水準となっています。一方で、中国では、景気は持ち直しの動きに足踏みがみられており、その背景にある不動産市場の停滞は、一過性の景気要因ではなく構造問題です。不動産企業は資金繰りのひっ迫を受けて負債の圧縮を優先し、投資など前向きな経済活動を抑制する「バランスシート調整」を進めており、地方政府や金融機関、家計にも影響が及んでいます。2001年のWTO加盟以降高成長を続け、今や世界のGDPの約18％を占める中国が経済成長の構造的な下押しに直面していることは、世界経済にとっても転換点となる可能性があります。さらに、欧州では、物価上昇率は低下傾向にあるものの、金融引締め及びそれに伴う利払い負担増への懸念等から、消費者マインドが悪化し、景気は弱含みとなっています。このような世界経済の広範な見取図を今回の潮流は示しています。

　また、経済構造については、世界の貿易・投資構造の変化を分析しています。財貿易については、2010年代以降、世界の財貿易量の伸びが経済成長率を下回る「スロー・トレード」が指摘されてきましたが、東アジア地域における生産の内製化の進展も背景の1つとなっています。一方、サービス貿易については、アメリカの知的財産権や金融サービス、英国の保険や金融サービス等、高付加価値のサービスは高い輸出競争力を持ち、世界経済の新たなけん引役となりつつあります。しかしながら、インドや中国等ではデジタルサービス貿易に対する規制が強化されており、サービス貿易の下押しとなることが懸念されます。また、直接投資については、世界の直接投資は安全保障関連の投資審査を導入・拡大する国が近年増加するとともに、半導体産業など戦略的分野の直接投資は地域的に分化がみられ、直接投資全体の伸び率の低下や地域間の偏りが続く懸念があります。我が国としても、こうした世界の貿易・投資構造の変化を踏まえ、戦略的な対応を講じていく必要があります。

　今回お示しした分析が世界経済の現状に対する認識を深め、その先行きを考える上での一助になれば幸いです。

令和6年2月
内閣府政策統括官（経済財政分析担当）
林　伴子

目　　　次

第1章 2023年後半の世界経済の動向

第2章 世界の貿易・投資構造の変化

コラム目次

図 表 目 次

凡　例

（1）本報告書で用いた年次は、特記しない限り暦年（1～12月）である。

（2）「国」という表現には「地域」を含む場合がある。

（3）本報告書では、特記しない限り原則として、各国・地域を以下のように分類している。

　　・**先進国**：OECD加盟国。

　　・**新興国**：先進国以外の国のうち、G20に参加する国。

　　・**途上国**：先進国・新興国以外の国。

※本報告は、原則として令和5年12月15日頃までに入手したデータに基づく。

第1章

2023年後半の世界経済の動向

第1章

2023年後半の世界経済の動向

第1章　2023年後半の世界経済の動向

　本章では、2023年後半の世界経済の動向について分析する。

　第1節では、欧米の景気動向について分析する。欧米では、物価上昇率が輸入物価の下落等を受けて低下傾向となっている。こうした中、アメリカにおいては、実質賃金の上昇や家計のバランスシートの改善等を背景として消費が増加するなど、景気は回復している。一方、ユーロ圏や英国においては、実質賃金は改善が続いているものの、金融引締めを受けて消費者マインドが悪化したこと等から、消費に弱さがみられるなど、景気は弱含んでいる。

　第2節では、中国の景気動向とバランスシート調整について分析する。2023年年初に新型コロナウイルス感染症（以下「感染症」という。）が収束し経済活動の正常化が進んだものの、引き続き不動産市場の低迷等から生産・消費の回復テンポは緩やかであり、物価上昇率はゼロ近傍で推移し、景気は持ち直しの動きに足踏みがみられている。また、感染症の拡大と不動産市場の低迷を受けて企業のバランスシート調整が進み、製造業投資等の減速がみられている。

　このように、ユーロ圏や英国といった一部の地域において弱さがみられるものの、アメリカでは景気回復が続いており、中国もこのところ足踏みがみられるものの、持ち直しの動き自体は維持されていることから、世界の景気は、一部の地域において弱さがみられるものの、持ち直している状況にあると考えられる。

　第3節では、以上の分析を踏まえて、世界経済のリスク要因について整理する。

第1節　欧米の景気

　本節では、欧米の景気動向について分析する。第1項では、回復が続いているアメリカ経済を概観するとともに、個人消費等の強さがみられる分野の背景を中心に分析を行う。第2項では、景気が弱含んでいる欧州経済を概観するとともに、個人消費等の弱さがみられる分野の背景を中心に分析を行う。第3項では、低下傾向にある物価上昇率について分析を行い、欧米の金融政策の内容を確認するとともに、金融資本市場の動向について確認する。

1．アメリカの景気動向

　本項では、主に2023年後半のアメリカ経済を概観するとともに、個人消費等の強さがみられる分野を中心に、その背景や構造要因を分析していく。

（景気は回復が続いている）

　まず、実質GDPの推移を確認すると、2023年7－9月期は前期比年率4.9％増と大幅に増加した（第1-1-1図）。その後、10－12月期も3.3％増と増加傾向が継続し、2023年は通年で2.5％のプラス成長となった。実質GDPは2022年7－9月期以来、6四半期連続で2％[1]を上回るプラス成長が続いているが、内訳をみると、実質GDPの約70％を占める個人消費が2023年10－12月期は前期比年率で2.8％増加しており、同期の成長率への寄与度は1.9％ポイントとなっている。また、実質GDPの約15％を占める設備投資は、知的財産投資を中心に9四半期連続で増加している。このように、実質GDP全体の85％を占める個人消費と設備投資の安定的な増加が、アメリカ経済の回復に大きく寄与している。

第1-1-1図　実質GDPの推移

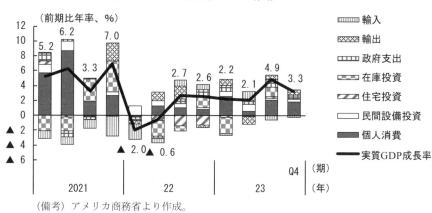

（備考）アメリカ商務省より作成。

　住宅投資についても、2023年7－9月期に2年半ぶりに増加に転じ、10－12月期も増加が継続するなど、住宅市場においても変化がみられている。このように、2023年のアメリカ経済は、金融引締めの進展の下でも、予想されていた個人消費や雇用の大幅な減速はみられず、国際機関等の見通し以上の強さをみせている[2]。

---

[1] CBO (2024)によると、2022年7－9月期以降の潜在成長率はおおむね2％程度。

[2] 2022年11月公表のOECD (2022b)では、2023年のアメリカの実質GDP成長率は暦年で0.5％と予想されており、CBO (2023)においても暦年で0.3％と予想されていた。また、2022年12月のFOMC参加者見通しにおいても、2023年10－12月期の実質GDP成長率は前年同期比で0.5％とされており、多くの機関が低成長を想定していた。

（個人消費は財・サービスともに増加基調）

　次に、個人消費について分析していく。実質個人消費支出はサービス消費に加えて財消費も増加傾向が続いている（第1-1-2図）。2022年は財からサービスへの需要のシフトに伴い、耐久財消費は横ばい傾向で推移していたが、2023年は耐久財消費が再び増加傾向に転じており、前年比で4.3%増加している。

　サービス消費の内訳をみると、介護サービス等が含まれるヘルスケアが安定的に増加する中で、飲食・宿泊サービスも、感染症収束に伴う経済活動再開の本格化により、2023年後半は増加傾向が顕著になっている。その他、映画館等の娯楽サービスや、海外旅行を含むその他サービスも増加しており、外出を伴うサービスの回復が、2023年後半のサービス消費の特徴と言える。

　財消費の中でも高い伸びがみられる耐久財の内訳をみると、PC・AV機器等の娯楽用品の増加基調が顕著であり、2023年は前年比で7.6%の増加となっている。内訳をみると、特にテレビやPC・タブレットが前年比10%以上の高い伸びをみせている。

第1-1-2図　実質個人消費支出

（1）財・サービス別　　　　　　　　　　（2）品目別

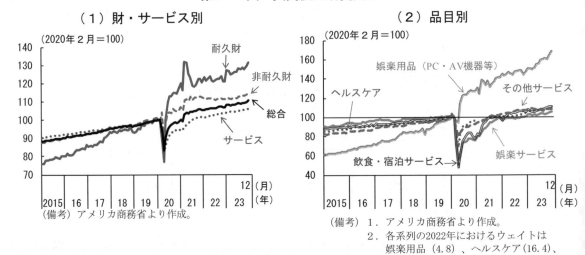

（備考）アメリカ商務省より作成。

（備考）　1．アメリカ商務省より作成。
　　　　　2．各系列の2022年におけるウェイトは
　　　　　　娯楽用品（4.8）、ヘルスケア（16.4）、
　　　　　　飲食・宿泊サービス（6.7）、娯楽サービス
　　　　　　（3.8）、その他サービス（8.7）。

さらに、耐久財消費の約４分の１を占める自動車について確認する。2022年10月以降は供給制約の緩和に伴って自動車販売台数は持ち直し傾向に転じ、2023年４月に1,500万台（年率）を超えるまでに回復した。その後も供給側の問題[3]が生じたことで、自動車販売台数は感染症拡大前の平均的なトレンドである1,700万台まで戻ることなく1,500万台程度で推移しているが、2023年以降は在庫の改善が続いていることや、その他の下振れリスクが少ないとみられることから、今後も堅調に推移すると考えられる[4]（第1-1-3図、第1-1-4図）。

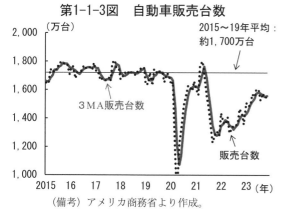

第1-1-3図　自動車販売台数

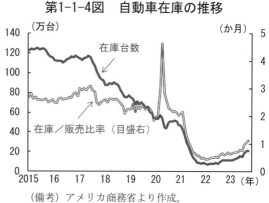

第1-1-4図　自動車在庫の推移

---

[3] 2023年７月から９月にかけて米大手自動車メーカーにおいて部品不足による工場の稼働休止が相次いで発生した。また、９月15日からは、大手３社において一斉ストライキが発生したことで自動車生産が下押しされている（ストライキの詳細については後述）。

[4] 内閣府（2023b）では、自動車販売台数の需要関数を推計しており、自動車販売台数に対する自動車ローン金利の影響は統計的に有意ではなく、自動車価格や失業率の上昇に対して自動車販売台数の伸び率が低下する傾向を確認している。現在は自動車価格の上昇は鈍化傾向にあり、失業率も横ばい傾向であることから、自動車市場にとってマクロ経済要因の下振れリスクは少ないと考えられる。また、全米自動車ディーラー協会（NADA）の2024年の予測は1,590万台となっている。

（消費増加の背景には、家計のバランスシートの改善）

　このような個人消費の増加基調は、過去20年にわたり改善が続いてきた家計の良好な
バランスシートに支えられていると考えられる。こうした改善傾向は感染症拡大を契機
に加速し、家計の総資産は可処分所得比では2019年10－12月期は８倍程度（798％）であ
ったが、2023年７－９月期には10倍程度（963％）と急増した（第1-1-5図）。資産構成比
をみると、流動性の高い金融資産の割合が約67％（2022年）と高く、そのうち特に株式
等（全体の約23％）の比率が高い（第1-1-6図）。また、住宅ローン等も含めた負債総額
をみると、2000年は負債の可処分所得比が68％、総資産比が14％であったが、2022年[5]は
それぞれ113％、12％となっている（第1-1-7図）。負債の可処分所得比自体は増加してい
るものの、負債の総資産比は過去20年間で最低水準となっている。

第1-1-5図　家計部門総資産（可処分所得比）　　第1-1-6図　内訳別純資産（可処分所得比）

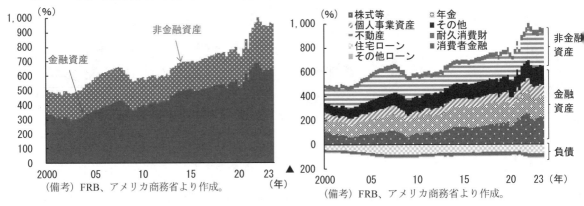

第1-1-7図　総資産に対する負債の比率

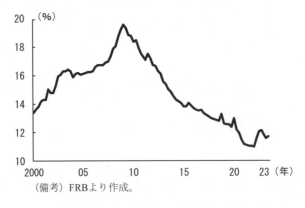

（備考）FRBより作成。

---

[5] 最新値が2023年７－９月期であることから、通年の数値としては2022年が最新値となる。

（低所得者層は資産の取崩しの余地が少なく、預金水準はコロナ禍前を下回る）

　ここで、総資産額を所得階層別に確認すると、2022年においては、所得階層上位20％にあたる高所得者層が家計総資産の約68％を保有しており、上位61～100％（下位40％）の低所得者層の保有割合はわずか8％となっている（第1-1-8図）。なお、2000年の高所得者層の割合は62％、低所得者層が10％であることから、保有資産における格差が広がっていることが分かる。

　さらに、保有資産の内訳をみてみると、高所得者層では流動性の高い金融資産の比率が2022年は74％と高い一方で、低所得者層は47％であり、流動性の低い非金融資産の比率の方が高い（第1-1-9図）。加えて、非金融資産のうち81％が不動産であり、その大半が居住している住居であると考えられ、消費のために取り崩すことが難しい非流動的な資産であると考えられる。

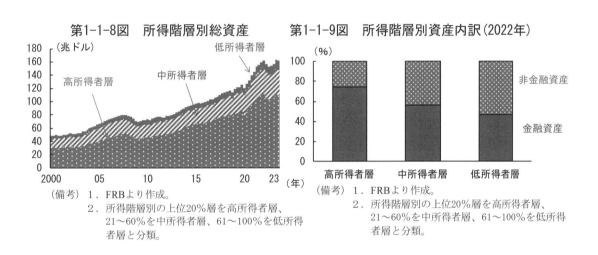

第1-1-8図　所得階層別総資産

（備考）　1．FRBより作成。
　　　　　2．所得階層別の上位20％層を高所得者層、21～60％を中所得者層、61～100％を低所得者層と分類。

第1-1-9図　所得階層別資産内訳（2022年）

（備考）　1．FRBより作成。
　　　　　2．所得階層別の上位20％層を高所得者層、21～60％を中所得者層、61～100％を低所得者層と分類。

　金融資産についても、可処分所得比を所得階層別に推移をみると、中・低所得者層に比べて高所得者層は上昇傾向で推移しており、2000年には228％であった可処分所得比が2019年には408％、2022年には486％まで上昇している（第1-1-10図）。高所得者層の金融資産対可処分所得比は、特に感染症拡大後に急増しており、その内訳である株式等の可処分所得比率の上昇が顕著であることから、同期間の株価上昇が寄与していると考えられる。これに対して、中・低所得者層の金融資産対可処分所得比はおおむね横ばいで推移しており、特に低所得者層は2022年で37％程度（株式等の可処分所得比は7％程度）と限られていることから、株価上昇の寄与は小さいものと考えられる。

第1-1-10図　所得階層別金融資産（可処分所得比）

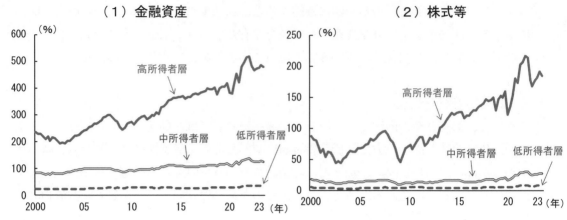

（1）金融資産 　　　　　　　　　　　（2）株式等

（備考）1．FRB、アメリカ商務省より作成。
　　　　2．所得階層別の上位20％層を高所得者層、21〜60％を中所得者層、61〜100％を低所得者層と分類。

　こうしたことから、低所得者層では、感染症拡大に伴う大規模な財政支出等によって形成された超過貯蓄を取り崩すことで消費を下支えしているものと考えられる。超過貯蓄については、全所得階層合計では2023年10−12月期時点で1.4兆ドルの超過貯蓄が残っているが、所得階層別の実質預金水準をみると、低所得者層では2023年4−6月期に2019年10−12月期の水準を下回っていることから、低所得者層は超過貯蓄を使い尽くしている可能性が考えられる[6]（第1-1-11図）。

第1-1-11図　実質預金水準

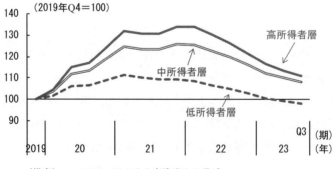

（備考）1．FRB、アメリカ商務省より作成。
　　　　2．PCEデフレーターにより実質化。
　　　　3．所得階層別の上位20％層を高所得者層、
　　　　　　21〜60％を中所得者層、61〜100％を低所得者層と分類。

[6] Aladangady et al.(2022)は、2022年4−6月期においては、超過貯蓄の約80％を上位50％の所得階層が保持しているが、下位50％の所得階層においても1世帯当たり5,500ドルの超過貯蓄を保持しており、この時点では超過貯蓄は取り崩し終わっていないと指摘している。

2023年後半は賃金上昇率が物価上昇率を上回り、実質所得が増加基調であることから（第1 1 12図）、低所得者層の消費が下振れするリスクがすぐに顕在化する可能性は小さいと考えらえる。しかしながら、今後、超過貯蓄を使い果たした低所得者層の消費支出の勢いが鈍化する可能性があることには留意が必要である。

第1-1-12図　名目賃金上昇率と物価上昇率

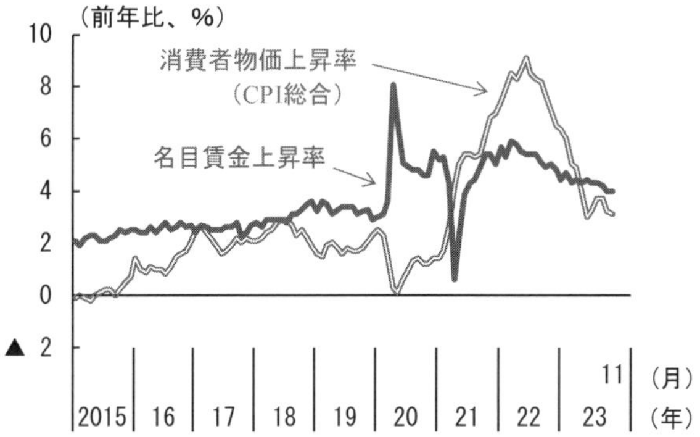

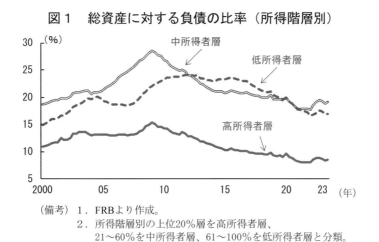

（前年比、%）

消費者物価上昇率
（CPI総合）

名目賃金上昇率

（備考）アメリカ労働省より作成。

Box. 所得階層別の総資産に対する負債比率の動向

前述のとおり、総資産に対する負債の比率は全体としては過去20年間で最低水準であるが、これは高所得者層に限らず全所得階層において同じ状況である（図1）。また、低所得者層と中所得者層の間には大きな差がなく、おおむね同程度で推移している。

図1　総資産に対する負債の比率（所得階層別）

中所得者層

低所得者層

高所得者層

（備考）1．FRBより作成。
　　　　2．所得階層別の上位20%層を高所得者層、
　　　　　　21～60%を中所得者層、61～100%を低所得者層と分類。

― 11 ―

（設備投資は、金利上昇にもかかわらず、緩やかな増加傾向）

　設備投資は金利上昇にもかかわらず、感染症拡大前の水準を上回り、総じてみれば緩やかな増加傾向が続いている。感染症拡大後から2022年にかけては、設備投資全体の約４割を占める知的財産投資が堅調に推移する中で、同じく約４割を占める機械・機器投資は増減を繰り返しながらも総じてみれば増勢を維持していたが、約２割を占める構築物投資は低迷していた（第1-1-13図、第1-1-14図）。

　2023年に入ると、インフレ抑制法やCHIPS及び科学法（半導体法）等の政策により、製造業向けの投資が大幅に増加したことで、構築物投資（工場建設等）がプラス寄与に転じた（第1-1-15図）。

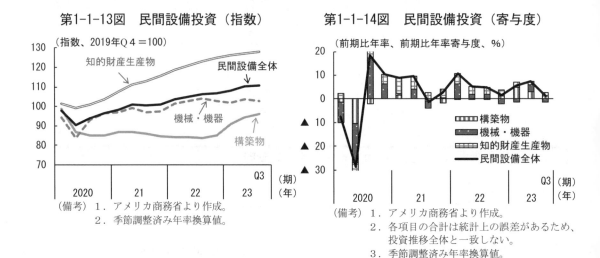

第1-1-13図　民間設備投資（指数）

（備考）１．アメリカ商務省より作成。
　　　　２．季節調整済み年率換算値。

第1-1-14図　民間設備投資（寄与度）

（備考）１．アメリカ商務省より作成。
　　　　２．各項目の合計は統計上の誤差があるため、投資推移全体と一致しない。
　　　　３．季節調整済み年率換算値。

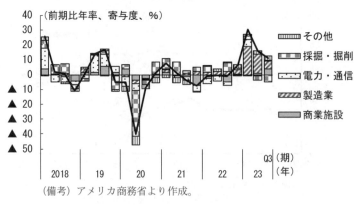

第1-1-15図　構築物投資の推移

（備考）アメリカ商務省より作成。

ここで、インフレ抑制法及び半導体法の概要について確認しておく。2022年８月にアメリカで成立したインフレ抑制法は、基本的には脱炭素に向けた取組が主眼の財政政策パッケージであるが、経済安全保障を意識した製造業の国内回帰につながる政策が含まれている。例えば、電気自動車の購入者に対する最大7,500ドルの税額控除が盛り込まれているが、こうした税額控除が適用されるために必要な条件は主に２つあり、いずれも電気自動車に搭載されるバッテリーに関するものである。具体的には、(i)バッテリーに含まれる重要鉱物に係る要件（アメリカまたはアメリカと自由貿易協定を結んでいる国で抽出または加工された重要鉱物が、バッテリーに含まれる重要鉱物のうち一定割合以上）、(ii)バッテリー部品に係る要件（北米で製造または組み立てられた部品が、バッテリー部品のうち一定割合以上）、の両方を満たすことが必要とされている。

　このようにインフレ抑制法では、電気自動車について、アメリカの同盟国や北米を優遇する政策を採っている。上記要件で指定されている割合は年々引き上げられていく予定であることから、北米地域内への生産回帰の動きが今後更に進む可能性がある。

　さらに同月には、経済安全保障の観点から、半導体サプライチェーンの強化を目的とした政策パッケージであるCHIPS及び科学法（半導体法）が成立している（第1-1-16表）。

第1-1-16表　「CHIPS及び科学法」に基づく米国内での半導体製造等に対する助成金

助成金額	用途
390億ドル	半導体の製造、試験、先端パッケージング、研究開発のための国内施設・装置の建設、拡張または現代化
110億ドル	商務省管轄の半導体関連の研究開発プログラム[7]
27億ドル	労働力開発や国際的な半導体サプライチェーン強化の取組、国防総省主導の半導体関連事業者等のネットワーキング事業

　同法が成立した背景には、アメリカは世界の半導体供給量の約10%、先端半導体については皆無に等しい量しか生産しておらず、世界の半導体供給量の75%は東アジア地域が占めているため[8]、こうした特定の地域にサプライチェーンが集中すること自体がリスクであるという問題意識がある。同法では、半導体の製造や研究開発のための国内施設・装置の建設等に対する補助金といった支援策が盛り込まれており、生産コストの低下や雇用創出、サプライチェーンの強化及び中国への対抗のために、アメリカの半導体分野の研究開発、製造、人材育成に527億ドルを支出するほか、半導体及び関連機器の製造に

---

[7] 官、民、官民コンソーシアムのそれぞれに投資され、主に４つの投資プログラムがある（(1)National Semiconductor Technology Center（官民コンソーシアム）の創設、(2)National Advanced Packaging Manufacturing Program（労働者訓練プログラム等民間プロジェクトへの資金提供も含む）、(3)最大３つまでのManufacturing USA Institutes（アメリカ半導体製造関連研究所）の創設、(4)National Institute of Standards and Technologyの計測研究開発プログラム）。
[8] The White House (2022).

必要な資本費用に対して25%の投資税額控除を行うとしている。これらの支援策が製造業における設備投資を促進していると考えられる[9]。

　同法で定められた半導体製造支援関連の予算措置の規模は2022予算年度から2027予算年度の5年間で7.6兆円（527億ドル）となり、議会予算局（CBO）によると2023予算年度から2031予算年度にかけて毎年約0.3兆円（20億ドル）から1.3兆円（90億ドル）程度の規模で支出されることが見込まれている[10]。

　また、同法の成立を受けて、1件当たり数百億ドル規模の投資事業として、半導体工場のアメリカ国内全域への新設の動きが活発になっており、これらが2023年の設備投資にプラス寄与しているものと考えられる。今後も、一部の事業で投資規模を更に拡大する方針や、地域内における工場新設を更に増やす計画が示されており、旺盛な投資需要がうかがえる（第1-1-17表）。

---

[9] Goldman Sachs(2023)の試算では、2023年の設備投資の増加の大部分が政策要因とされている。
[10] 内閣府（2023a）

第1-1-17表　2022年以降の米国内での半導体工場新設の動き

企業名	州	投資規模 （億ドル）	雇用規模 （人）	その他
インテル	アリゾナ	300 （4.3兆円）	3,000	当初の投資額は200億ドルであったが、22年8月にカナダ系資産運用会社と共同で最大300億ドルに投資規模を拡大する方針を公表。
	オハイオ	200 （2.9兆円）	3,000	今後、同地域で最大8つの工場を新設する方向で計画中。
	ニューメキシコ	35 （0.5兆円）	700	
マイクロンテクノロジー	ニューヨーク	200 （2.9兆円）	9,000	今後、最大で1,000億ドルまで投資規模を拡大する方針。
	アイダホ	400 （5.8兆円）	2,000	
スカイウォーターテクノロジー	インディアナ	18 （0.3兆円）	750	同州政府及びパデュー大学と共同で投資。同州内への半導体関連施設の設置は初めて。
サムスン	テキサス	170 （2.5兆円）	2,000	今後、同地域で最大1,900億ドルに投資規模を拡大する方向で計画中。
TSMC	アリゾナ	400 （5.8兆円）	4,500	今後、最大で5つの工場を建設する方向で計画中。
テキサス・インスツルメンツ	ユタ	110 （1.6兆円）	800	

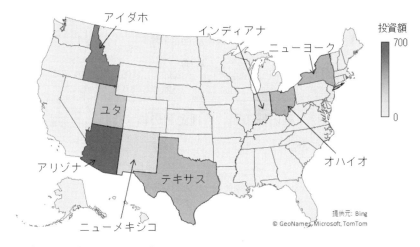

（備考）　1．各社HPより作成。
　　　　　2．本表に記載の工場は2022〜23年に計画公表または建設中のもの。
　　　　　3．雇用規模は直接雇用を表す。
　　　　　4．円換算は2023年12月期中平均為替レート。
　　　　　5．2023年12月19日時点の情報に基づく。

　ここで、設備投資をめぐる金融環境を確認する。2022年以降、金融引締めの進展に伴って、金融機関の商工業向けローンの貸出態度は厳格化し、企業側の資金需要は軟調になってきていた（第1-1-18図、第1-1-19図）。しかしながら、2023年7－9月期には、貸出態度について「厳格化－緩和」が低下に転じ[11]、資金需要の「堅調－軟調」についても

---

[11] 本調査では特別質問として、調査対象となった銀行に対して同期間に融資基準や融資条件を変更した理由を尋ねて

大・中堅企業向けでは上昇しており[12]、10−12月期においても、その傾向が継続している。2022年以降の金融引締めは資金調達コストの上昇を通じて企業の設備投資を抑制していたと考えられるが、今後も貸出態度の緩和に向けた動きが続き、資金需要の回復傾向が続けば、半導体法等の政策効果がはく落した後も設備投資の増勢が継続する可能性がある。また、金融引締めについても2023年7月のFOMC会合において利上げを行った後、9月以降4回連続で据置きとなっており、長期金利の上昇傾向も頭打ちになっていることから、今後、投資環境の改善が更に進む可能性がある（第1-1-20図）。

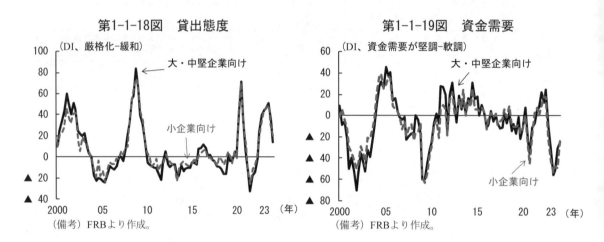

第1-1-18図　貸出態度

（DI、厳格化-緩和）

大・中堅企業向け

小企業向け

（備考）FRBより作成。

第1-1-19図　資金需要

（DI、資金需要が堅調-軟調）

大・中堅企業向け

小企業向け

（備考）FRBより作成。

第1-1-20図　各種金利の推移

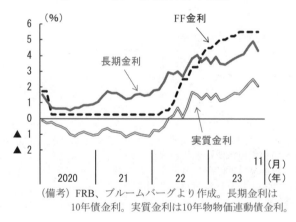

（%）

FF金利

長期金利

実質金利

11（月）（年）

（備考）FRB、ブルームバーグより作成。長期金利は10年債金利。実質金利は10年物価連動債金利。

いる。これによれば、同期間に貸出基準を「緩和した」と回答した理由として最も多く挙げられた理由は、借り手の信用力の改善と、経済見通しの改善及び先行き不確実性の低下とされている。

[12] 2023年7月のFOMC会合後の記者会見では、パウエルFRB議長が「（FRBの）スタッフはもはや景気後退を予想していない」と先行きについての楽観を強めていることが示唆されるなど、本調査の対象期間においてアメリカ経済の見通しが良好になったこと等が背景として考えられる。

（住宅着工は回復傾向に転じる）

　住宅着工は金融引締めの影響を受けやすいにもかかわらず、2023年以降は回復傾向が続いている。2022年以降は政策金利の引上げに伴う住宅ローン金利の上昇により、住宅着工は減少傾向にあったものの、2023年に入ってからはおおむね横ばいで推移していた（第1-1-21図）。その後、2023年5〜7月頃にかけて持ち直した後、8月にハリケーンの影響により大きく減少し、9月以降は低水準ではあるものの緩やかな増加が続いていたが、11月に前月比14.8％と急速に増加し、ハリケーン前の水準を超えて回復している。住宅価格も再び上昇傾向に転じている（第1-1-22図）。さらに、住宅着工の基調を示す一戸建て住宅の着工件数は年初来の増加傾向を維持しており、先行指標となる住宅許可件数も増加傾向が続いていることから、住宅着工は回復傾向に転じていると考えられる（第1-1-23図、第1-1-24図）。

第1-1-21図　住宅着工件数と住宅ローン金利

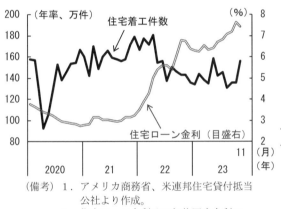

（備考）　1．アメリカ商務省、米連邦住宅貸付抵当
　　　　　　　公社より作成。
　　　　　2．住宅ローン金利は30年物固定金利の
　　　　　　　各月平均。

第1-1-22図　住宅価格

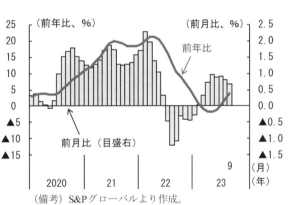

（備考）　S&Pグローバルより作成。

第1-1-23図　住宅着工件数（戸建て、集合）

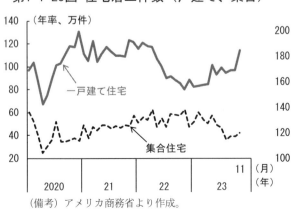

（備考）アメリカ商務省より作成。

第1-1-24図　住宅許可件数

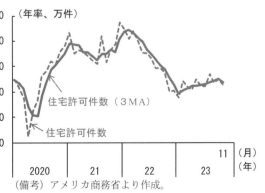

（備考）アメリカ商務省より作成。

この背景には、需要側の要因として、人口動態があると考えられる。アメリカでは世帯数の増加に伴って住宅ストック数も増加する傾向があり、人口増加に伴う世帯数の増加が継続する中で、新たな住宅需要が生じるという構造的な要因があると考えられる（第1-1-25図、第1-1-26図）。議会予算局（CBO）の見通しによれば、今後もアメリカの人口は年率0.5%程度で増加が続く見通しになっていることから、新たな住宅需要が恒常的に生まれる構造は今後も続くと考えられる（第1-1-27図）。

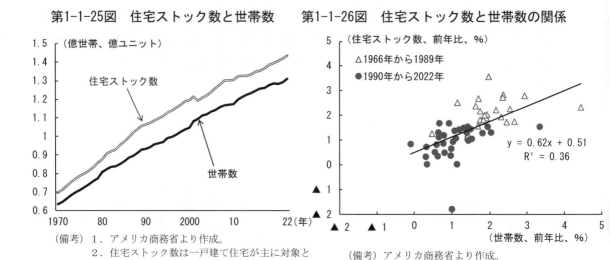

第1-1-25図　住宅ストック数と世帯数

（備考）　1．アメリカ商務省より作成。
　　　　　2．住宅ストック数は一戸建て住宅が主に対象となる販売物件及び賃貸物件の合計。

第1-1-26図　住宅ストック数と世帯数の関係

$y = 0.62x + 0.51$
$R^2 = 0.36$

（備考）アメリカ商務省より作成。

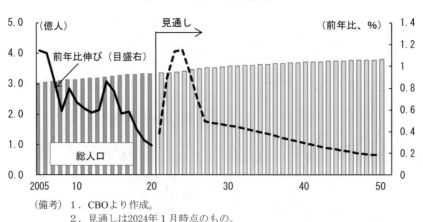

第1-1-27図　人口推移

（備考）　1．CBOより作成。
　　　　　2．見通しは2024年1月時点のもの。

供給側の要因としては、中古住宅の在庫不足が考えられる。足下の中古住宅の在庫水準を確認すると、2020年と比べて約30%低下していることが分かる（第1-1-28図）。中古住宅の在庫減少の背景には、売り手にとって現在の住宅を手放すことのメリットが小さいことがあると推測される。アメリカでは、住宅ローンをできるだけ長期で元利金償還を一定額に固定し、長期金利が低下した際には借換えを行う傾向が強く、2020～22年初の低金利下では実際に、住宅ローンの借換えが増えている[13]。このことは、逆に2022年以降の金利上昇局面には借換え需要が弱まることを意味しており、低金利の住宅ローンを手放して住宅を売却するメリットが小さくなっていると考えられる。

　また、このような中古住宅の在庫、すなわち供給不足を受けて、2023年に入っても中古住宅販売件数は減少傾向が続いており、その代わりに新築住宅販売件数は増加傾向に転じている（第1-1-29図）。このように中古住宅の供給不足が、新築住宅の供給を喚起しているものと考えられる。

第1-1-28図　中古住宅在庫

（備考）1．全米リアルター協会より作成。
　　　　2．後方12か月移動平均。
　　　　3．中古住宅在庫は、月末時点の売り出し中物件
　　　　　　と仮契約物件の合計。

第1-1-29図　住宅販売件数（新築・中古）

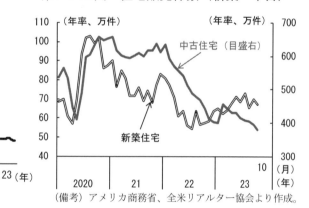

（備考）アメリカ商務省、全米リアルター協会より作成。

---

[13] 内閣府（2023b）

このような住宅着工の回復傾向は今後も続くことが期待される。住宅市場をめぐる金利環境をみてみると、11月に10年債利回りが低下したことを受けて、住宅ローン金利も低下しており、上昇傾向に一服感がみられる。このような金利環境の変化を受けて、住宅市場の景況感である住宅市場指数は12月に低下傾向が一旦止まっており、改善に向けて反転している[14]。一方で、住宅取得能力指数[15]は高い住宅ローン金利を背景に低下傾向が続いており、高金利下において住宅購入のハードルが高い状況が継続していることには、先行きを判断する上で留意が必要である（第1-1-30図）。

第1-1-30図　住宅市場をめぐる動き

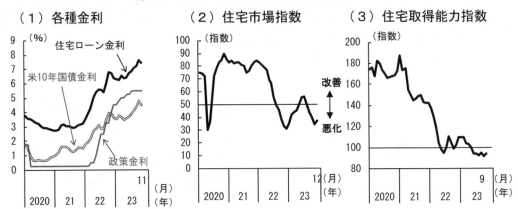

（１）各種金利　　　　　（２）住宅市場指数　　　　（３）住宅取得能力指数

（備考）　1．FRB、米連邦住宅貸付抵当公社、ブルームバーグ、全米ホームビルダー協会、
　　　　　　　ウェルズ・ファーゴ、全米リアルター協会より作成。
　　　　　2．住宅ローン金利は30年物固定金利の各月平均。政策金利はFF金利誘導目標の上限値。
　　　　　3．住宅市場指数は、住宅建設業者に対しての調査を基に算出される住宅市場の景況感指数。
　　　　　　　50を境界として住宅市場の改善、悪化を示唆する。
　　　　　4．住宅取得能力指数は、住宅価格、住宅ローン金利、家計所得のデータを基に、
　　　　　　　標準的な米家計の所得が、標準的な住宅をローンを組んで購入することが可能かを示す指数。
　　　　　　　100を超えれば住宅取得が可能な所得を得ている状態。

[14] 住宅市場指数を公表している全米ホームビルダー協会は、最近の金利低下により、住宅購入を諦めていた層が再度購入を検討するようになり、客足が増加していると指摘している（NAHB(2024)）。
[15] 住宅取得能力指数は、当該月の住宅価格中央値、住宅ローン金利、家計の所得中央値を基に、アメリカの一般的な家計が、一般的な住宅を購入するのにどれほどの余裕があるかを示したもの。

（雇用者数は安定的な増加傾向にあり、労働需給のひっ迫は依然続く）

　アメリカの雇用者数は2022年6月に感染症拡大前の水準を回復した後、急速な金融引締めが進展する中においても増加を続けていたが、2022年秋以降は増勢が頭打ちになる業種もみられるなど、強さの中にも変化が生じている。2022年9月時点では3か月移動平均で40万人を超えていた雇用者数の前月差は、2023年4月以降は感染症拡大前の景気拡大局面[16]における平均的な前月差である20万人程度[17]で推移しており、安定的な増加傾向にある（第1-1-31図）。

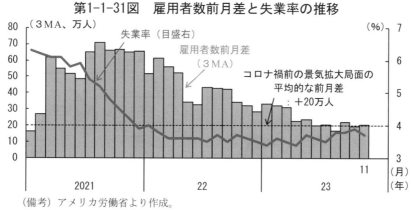

第1-1-31図　雇用者数前月差と失業率の推移

（備考）アメリカ労働省より作成。

　次に失業率の動向を確認する。失業率は2022年2月以降3％台で推移しており、1970年代のオイルショック以降の最低水準にある。足下の動向をみてみると、2023年4月に3.4％で底を打った後は緩やかに上昇し、同年10月には3.9％と最低値から0.5％ポイント上昇した。ただし、この失業率の上昇は必ずしも景気後退を意味するのではなく[18]、雇用のミスマッチの増加が背景にあると考えられる。

　こうしたミスマッチの動向を確認するため、労働力のフローチャートをみると、失業率が上昇していた2023年7～10月は、非労働力人口から労働力人口に移った労働力の多くが、労働市場への参入後すぐには就業できずに失業者として滞留していたことが分かる[19]（第1-1-32図）。失業率の上昇の要因には、現在働いている人が職を失うこと（フロ

---

[16] 2014年5月から2020年2月までの期間。2014年5月に雇用者数が世界金融危機前の水準まで回復した。

[17] アメリカ労働省は毎年2月公表の雇用統計で、ベンチマーク改定による遡及改定を実施している。この改定により、2023年の雇用者数前月差は月平均約3万人上方改定された。

[18] 2019年に当時FRBのエコノミストであったClaudia Sahm氏は、失業率の3か月移動平均が過去12か月の最低値から0.5ポイント以上上昇した時に景気後退が始まるとする「サーム・ルール」を提唱している。

[19] 失業率は、労働力人口（就業者と失業者の和）を分母とし失業者を分子とすることから、就業者から失業者への移動は増加していなくても、労働市場に参加していない非労働力人口から労働力人口に移動する者で、すぐには就職せずに就職活動を行っている者が失業者として新たに計上されることで上昇することがある。

ーチャートでは就業者から失業者に移動すること）と、非労働力人口から求職者が流入することの両方があるが、同年７〜10月の上昇局面においては、就業者と失業者の間の移動は、失業者から就業者への移動の方が多くなっており、前者の要因は限られる一方、非労働力人口から失業者への流入が大きいことがうかがえる。その後、11月には前月と比べ失業者から就業者へ多くの労働力が移動しており、失業率は3.7％まで低下している。

第1-1-32図　労働力のフローチャート（左側：2023年７〜10月、右側：同年10〜11月）
（１）７〜10月　　　　　　　　　　　　（２）10〜11月

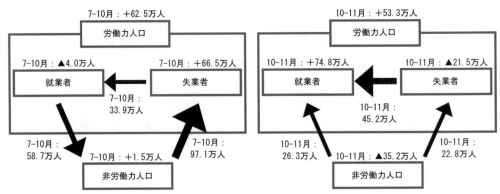

（備考）　１．アメリカ労働省より作成。
　　　　　２．矢印はネットの値。左図は2023年７月と10月の比較。
　　　　　３．図表には未記載のその他のフローが存在するため、フローの合計と各ステータスの変化幅は必ずしも一致しない。

　2023年７〜10月に失業率が上昇した背景には、雇用のミスマッチに起因する失業の増加があると考えられる。例えば、失業者の持つ技能と求人要件が合致しない場合（構造的失業）や、職探しに時間がかかることによって発生する場合（摩擦的失業）が考えられる。このような雇用のミスマッチを分析する手法としてはUV曲線分析がある。UV曲線は右上にシフトするとマッチング効率が悪化したことを表す一方、左下にシフトするとマッチング効率が改善したことを表す。また、45度線を基準に右下に動くと需給改善（景気拡大）を表す一方、左上に動くと需給悪化（景気後退）を表す[20]。
　これによると、失業率が特に上昇していた2023年７月以降は欠員率も上昇したことでUV曲線が月次の動きとしては右上に移動し、ミスマッチ拡大が示唆された（第1-1-33図）。その後、再び欠員率は低下しており、左方向に移動している。このことから、同期間の失業率の上昇は一時的な雇用のミスマッチ拡大によるものであると考えることができる。

―――――――――――――
[20] UV曲線分析の詳細については、内閣府（2023a）を参照。

第1-1-33図　UV曲線

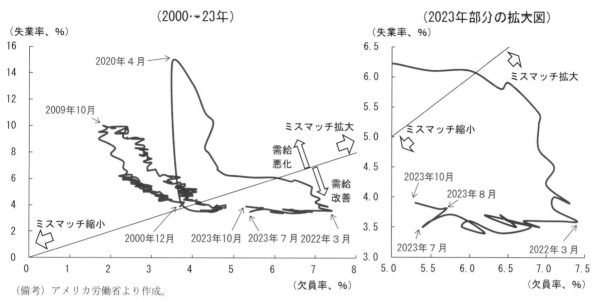

（2000～23年）

（失業率、%）

（2023年部分の拡大図）

（失業率、%）

2020年4月

2009年10月

ミスマッチ拡大

需給悪化

需給改善

ミスマッチ縮小

2000年12月　2023年10月　2023年7月　2022年3月

（欠員率、%）

ミスマッチ拡大

ミスマッチ縮小

2023年10月

2023年8月

2023年7月

2022年3月

（欠員率、%）

（備考）アメリカ労働省より作成。

　また、UV曲線から労働市場のひっ迫状況をみることができるが、Figura and Waller (2022)で示されているように、失業率の上昇を伴わずに欠員率を低下させることでソフトランディングを実現することができるとの想定が、現在の金融引締め局面におけるFRBの基本的な想定である。これまでのUV曲線の動きをみると、欠員率は2022年3月に7.4%でピークを迎えた後、一進一退を伴いながらもおおむね低下傾向で推移する一方、失業率の上昇はみられておらず、ソフトランディングに向けた動きが示唆されている。ただし、直接的に労働市場のひっ迫状況を表す指標である求人倍率も低下傾向にはあるものの、2023年10月時点では1.34倍と2015～19年の平均である0.93倍と比べれば依然として高水準であり、労働需給のひっ迫は依然続いているものと考えられる（第1-1-34図）。

第1-1-34図　求人倍率

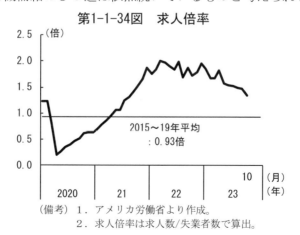

（倍）

2015～19年平均：0.93倍

10 （月）
2020　21　22　23 （年）

（備考）　1．アメリカ労働省より作成。
　　　　　2．求人倍率は求人数/失業者数で算出。

労働市場のひっ迫状況を更に分析するために、労働需要と労働供給の推移をみると、労働需給ギャップ（労働需要と労働供給の差）は縮小傾向にあるものの、依然として労働需要が労働供給を上回っている（第1-1-35図）。

　人口で基準化した労働需要は、2022年3月の63.7%をピークに、2023年10月には62.8%まで低下し、感染症拡大前と同程度となっている。これに対し労働供給は増加傾向が続いているものの、2022年3月の62.0%から2023年10月の62.4%と需要と比べて変化幅は小さく、感染症拡大前の平均水準である63%を下回っている。

　こうした動きを受け、労働需給ギャップは、2022年3月の2.2%ポイントから2023年10月には0.9%ポイントまで縮小し、労働需給の緩和が進んでいることが分かる。縮小分の1.3%ポイントのうち、0.9%ポイントは労働需要の減少によるものであり、現在の労働需給の緩和は需要側の要因の方がより大きく寄与している。

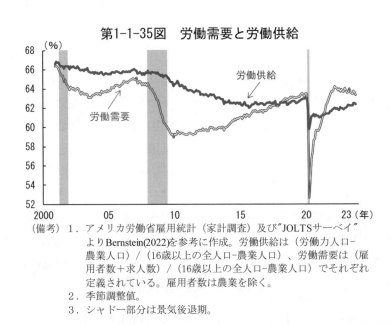

第1-1-35図　労働需要と労働供給

（備考）　1．アメリカ労働省雇用統計（家計調査）及び"JOLTSサーベイ"よりBernstein(2022)を参考に作成。労働供給は（労働力人口-農業人口）／（16歳以上の全人口-農業人口）、労働需要は（雇用者数＋求人数）／（16歳以上の全人口-農業人口）でそれぞれ定義されている。雇用者数は農業を除く。
　　　　　2．季節調整値。
　　　　　3．シャドー部分は景気後退期。

　続いて労働市場の動向を業種別に分析していく。前述のとおり、雇用者数の増勢は全体としては続いているものの、2022年秋頃からは頭打ちになる業種も出てくるなど、強さの中にも変化が生じてきている。特に2023年に入ってからはヘルスケアとレジャー・接客業が雇用者数の増加の大半を占めている（第1-1-36図）。なお、レジャー・接客業では雇用者数がいまだに感染症拡大前の水準を超えておらず、需要の回復を踏まえると更なる増加の余地があると考えられる（第1-1-37図）。

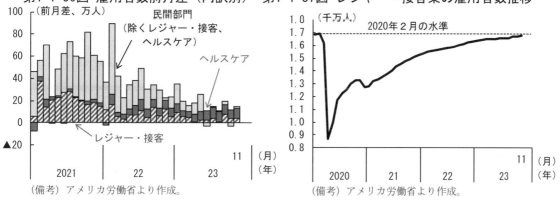

第1-1-36図 雇用者数前月差（内訳別）　第1-1-37図 レジャー・接客業の雇用者数推移

（備考）アメリカ労働省より作成。　　　　　　　　（備考）アメリカ労働省より作成。

　欠員率をみると、レジャー・接客業においても総じてみれば低下傾向にあるものの、全体と比べれば１～２％ポイント高い水準で推移しており、人手不足が続いていることが分かる（第1-1-38図）。名目賃金上昇率は全体としては緩やかに鈍化しているが、レジャー・接客業の賃金上昇率をみると、全体との差は徐々に縮まっているものの依然として高く、人手不足により賃金上昇率の鈍化が全体と比べて遅れていることが分かる（第1-1-39図）。

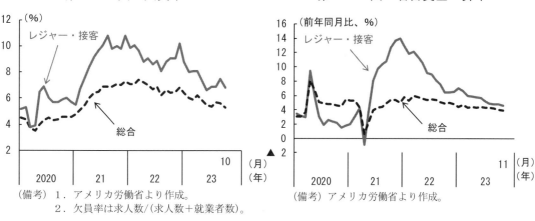

第1-1-38図　欠員率　　　　　　　第1-1-39図　名目賃金上昇率

（備考）１．アメリカ労働省より作成。　　　　　　　（備考）アメリカ労働省より作成。
　　　　２．欠員率は求人数/（求人数＋就業者数）。

　さらに、レジャー・接客業の人手不足の状況をみるために、同業種の大部分を占める飲食・宿泊サービスに従事する労働者の労働投入量の推移を、それに対応する同分野の実質個人消費支出の推移と比較してみる。ここでの労働投入量とは、雇用者数と週当たり平均労働時間の積（マン・アワー・ベース）である。それらの指数の推移をみると、2010年代はおおむね一致しており、消費と労働投入量の間には比例関係が確認できる

（第1-1-40図）。しかしながら、2020年以降は消費支出の増加に労働投入量の増加が追いついておらず、その差は拡大傾向となっていることが確認できる。

第1-1-40図　実質個人消費支出と労働投入量（飲食・宿泊サービス）

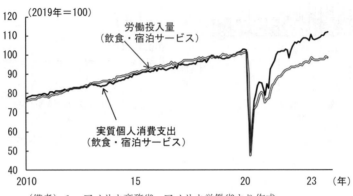

（備考）1．アメリカ商務省、アメリカ労働省より作成。
　　　　2．労働投入量は雇用者数×週当たり平均労働時間で算出。

（まとめ：アメリカの景気は個人消費を中心に回復が継続）

　アメリカ経済においては、個人消費は家計の良好なバランスシートに支えられて増加し、設備投資も政策効果等により緩やかな増加傾向にある。また、金融引締めが進展する中でも、住宅着工は回復傾向に転じており、雇用者数は安定的な増加傾向にあり、労働需給のひっ迫は依然続くなど、アメリカ経済は回復が続いている。

　一方で、耐久消費財、設備投資や住宅投資等の需要へは金融引締めの影響が遅れて生じる可能性もある。2024年のアメリカ経済は各種経済予測においても堅調に推移することが見込まれているが[21]、このような下振れリスクには留意する必要がある。

---

[21] 2023年12月のFOMC参加者見通しによれば、2024年10−12月期は前年同期比で1.4％の成長を見込んでいる。また、IMF(2024)では暦年で2.1％、OECD(2024)では暦年で2.1％の成長を見込んでおり、いずれも景気後退には陥らない見込みになっている。

コラム１　アメリカ自動車業界におけるストライキの影響について

　2023年９月15日、全米自動車労組（UAW）が大手自動車メーカー３社（GM、Ford、Stellantis：ビッグ３）に対しストライキに突入した。争点は、物価上昇を背景とした急激な生計費の上昇に応じた賃上げ等の待遇改善であった[22]。現地時間９月14日23時59分を期限として労使交渉が続いていたものの折り合わず、ストライキに進展した。労組側が４年間で30％半ばの賃上げ要求をする中、最終的な企業側の回答は20％半ばと、労組側の要求を下回った。

　当初は、ストライキはミズーリ州、ミシガン州、オハイオ州にある一部の工場（対象組合員数1.3万人）に限定されており、UAW所属14.6万人全員が職務放棄していたわけではなかったが、徐々に拡大し、10月24日には4.6万人規模となった。その間、バイデン大統領がストライキの現場を視察し、労組側への支持を表明するといった場面もみられたが、10月25日にFordで暫定合意が取り決められると、10月30日までに３社全てで暫定合意に至り、ストライキは収束した（表１）。合意内容は３社ともに共通して、新たな協約の初年度に11％の賃上げを実施するとともに、2028年までの４年間で合計25％の賃上げをすることになっている[23]。また、物価高騰による生活費の上昇分を賃金に上乗せする生活費調整（COLA：Cost of Living Adjustment）の復活も盛り込まれている（表２）。

表１　ストライキの推移

	概要	ストライキ参加者数（人）			
7月中旬〜	UAWとビッグ３の労使交渉が難航	GM	Ford	Stellantis	計
9月15日	３社の工場で一斉スト入り	3,600	3,300	5,800	12,700
9月22日	GMとStellantisに対してスト拡大	3,500	−	2,100	18,300
9月29日	GMとFordに対してスト拡大	2,300	4,700	−	25,300
10月11日	Fordに対してスト拡大	−	8,700	−	34,000
10月23日	Stellantisに対してスト拡大	−	−	6,800	40,800
10月24日	GMに対してスト拡大	5,000	−	−	45,800
10月25日	Fordと暫定合意	−	暫定合意	−	29,100
10月28日	GMに対してスト拡大。Stellantisと暫定合意	4,000		暫定合意	18,400
10月30日	GMと暫定合意。終結	暫定合意			−

（備考）各種報道により作成。

---

[22] UAWは各メーカーとの間で４年契約の労働協約を結んでおり、４年に一度労使交渉が行われることになっている。2023年９月14日が労働協約の期限となっており、次の４年間の賃金体系等をめぐる労使交渉が同年７月に開始された。UAWは、４年ごとの交渉による賃上げだけでは足下の物価高に対応できないとし、大幅な賃上げに加えて、賃金を物価に連動させる生活費調整（COLA）の復活を求めていた。
[23] 労働政策研究・研修機構（2023）によると、UAWはストライキ終了に際し、「過去22年間の賃上げの合計より、今回の上げ幅の方が大きい」と合意内容を評価した。

表2　暫定合意の内容

	合意内容
GM	即時に11%賃上げ、2028年までに25%賃上げ 生活費調整（COLA）の復活 初任給が時給30ドル以上、最高時給42ドル以上 130億ドルの工場投資
Ford	即時に11%賃上げ、2028年までに25%賃上げ 生活費調整（COLA）の復活 初任給が時給28ドル以上、最高時給40ドル以上 81億ドルの工場投資
Stellantis	即時に11%賃上げ、2028年までに25%賃上げ 生活費調整（COLA）の復活 2月に閉鎖され1200人が失業していたイリノイ州の工場の復活 189億ドルの工場投資

（備考）各種報道により作成。

　今回のストライキは全面ストまでは発展しなかったものの、自動車生産台数には大きな影響を与えた。8月に約1,056万台（年率）であった自動車生産台数は、10月には約892万台と急減した。その後11月には996万台まで回復しているものの、まだストライキ前の水準には戻っていない（図3）。

　加えて、自動車業界は裾野が広い産業であることから、金属産業や機械産業等の関連産業においてもストライキの影響がみられた。鉱工業生産指数の推移をみると、製造業全体では10月に前月比▲0.8%となっており、一次金属では▲2.0%、機械では▲1.2%とそれぞれ減少している（図4）。内訳をみると、加工金属業である「塗装、彫金熱処理」では▲2.6%と大きく減少した。FRBが11月に公表したベージュブックにおいても、UAWのストライキによって、塗料等の中間財メーカーの受注が鈍化したと指摘されている。その後、11月には製造業全体では＋0.3%、自動車・同部品が＋7.1%、一次金属が＋0.5%、機械が＋0.7%と持ち直しており、ストライキ前の水準には達していないものの、ストライキの影響はおおむね収束に向かっていたものと考えられる。

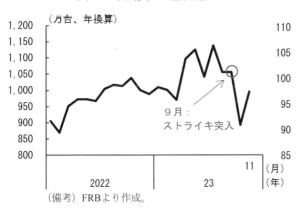

図3　自動車生産台数

（万台、年換算）

9月：
ストライキ突入

（備考）FRBより作成。

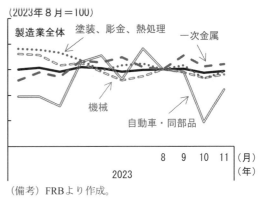

図4　鉱工業生産（製造業・業種別）

（2023年8月＝100）

製造業全体　塗装、彫金、熱処理　　　一次金属

機械

自動車・同部品

（備考）FRBより作成。

　また、ストライキの影響は雇用者数にも現れている。ストライキ参加者はレイオフ（一時帰休）扱い[24]になることから、ストライキの前後で自動車・同部品の雇用者数が大きく変動し、10月は前月比▲3.2万人であるのに対し、11月は＋3.0万人と反動増となっている。このため、雇用はおおむねストライキ前の水準に戻っていることが分かる（図5）。

　このように、ストライキの影響は随所にみられたものの、2019年に発生したような全面ストライキ[25]までは発展しなかったことや、長期化しなかったことにより、経済全体には大きな影響が生じるまでには至らなかったと考えられる。

図5　雇用者数前月差（自動車・同部品）

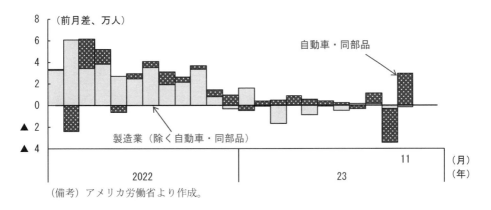

（前月差、万人）

自動車・同部品

製造業（除く自動車・同部品）

（備考）アメリカ労働省より作成。

---

[24] アメリカ労働省の雇用統計においては、レイオフは失業者として計上される。
[25] 2019年にUAWはGMが持つ全米の工場で全面ストライキを行った。

コラム２　公的統計の精度の低下に伴う政策決定への影響

　英国の失業率は、調査票の回答率の低下による精度の低下が問題視されたことから、2023年８月以降の値が公表停止されていた[26]。公表停止に至らずとも、統計調査票の回答率の低下傾向は、例えばアメリカの雇用関連統計においてもみられている。米雇用統計における家計調査（Current Population Survey：CPS）及び事業所調査（Current Employment Survey：CES）の回答率[27]は、感染症拡大以前から緩やかな低下傾向がみられていたが、感染症拡大以降は低下傾向が加速していることが確認できる（図１）。また、雇用動態調査（JOLTS）の回答率は、2019年12月には58.0％であったが、感染症拡大後に大きく落ち込み、2023年９月には32.4％まで低下している。回答率の低下は、一般に統計結果の標準誤差を拡大させ統計精度の低下を招くが[28]、これにより適時適切な経済政策の決定を困難にし、ひいては世界経済にとってのリスクとなる可能性を高める。

図１　アメリカ雇用関連統計の回答率

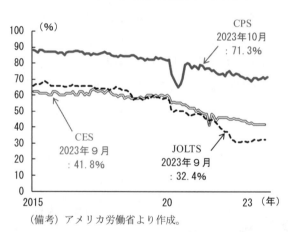

（備考）アメリカ労働省より作成。

---

[26] 2023年12月値以降の値については、「2021年国勢調査」を反映してそれ以前の系列を遡及改定の上、公表が再開されている。

[27] 事業所調査の回答率（response rate）は、イニシエーション（データの収集者が事業所に対して、調査票の記入方法等を指示すること）への参加率と、調査への回答率を統合したもの。調査への協力拒否、調査票送付後の事業所の倒産や移転に伴う非回答の影響も含まれる。

[28] 回答率の低下による統計結果への影響として、非回答バイアス（回答者が非回答者と有意に異なる場合に生じるバイアス）が挙げられるが、アメリカ労働省のホームページでは調査の回答率と非回答バイアスの相関は大きくはないとしている。

このため、回答率向上に向けて、各国政府は、回答の精度を維持しつつ、回答の負担軽減を図る必要がある[29]。例えば、Williams(2022)は、回答率向上に資する各国政府の取り組みについて、オンライン調査の促進、回答者との接触方法の改善[30]及びパラデータ[31]の利用を挙げている。

　加えて、公的統計の作成は、国民及び事業者の協力により支えられているところ、その回答率及び統計精度の向上のために、各国政府はその目的や用途についての理解促進を図るとともに、国民及び事業者にも統計調査への回答に積極的に協力することが求められる。

---

[29] あわせて、経済政策の決定に際しては、オルタナティブデータ等、公的統計以外のデータの利用可能性も模索することが課題である。

[30] 例えば、アメリカ労働省では、一部の統計調査で、対面ではなくビデオ会議によるインタビュー形式での調査を行っている（BLS (2023)）。

[31] パラデータ（Paradata）とは、調査データの取得過程で入手されるデータを指す。パラデータを使用し調査方法等を見直すことで、回答率向上につながる可能性がある。

２．欧州の景気動向

　本項では、主に2023年後半のユーロ圏及び英国経済を概観するとともに、個人消費の弱さの背景を中心に分析する。

（景気は弱含んでいる）

　最初に、実質GDPから欧州経済の動向を概観すると、ユーロ圏及び英国は感染症拡大前の水準を2021年後半には回復したものの、コロナ禍前を100としてユーロ圏は2023年７－９月期から10－12月期は、それぞれ103.0及び103.0[32]、英国は2023年７－９月期から10－12月期は、それぞれ101.4及び101.0[33]と横ばいから微減の動きになり、景気は弱含んでいる（第1-1-41図[34]）。

第1-1-41図　ユーロ圏及び英国の実質GDP

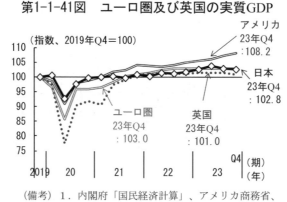

（備考）　１．内閣府「国民経済計算」、アメリカ商務省、
　　　　　　　ユーロスタット、英国国家統計局より作成。
　　　　　２．季節調整値。

　次に、GDPの需要項目別の動向を概観する。個人消費については、実質賃金が2023年後半に前年同期比でプラスに転じ、所得環境に改善がみられるものの、2022年以降急激な物価上昇が続いてきたこと等を背景に、ユーロ圏では弱含んでおり、英国では弱い動きとなっている。

　設備投資については、ユーロ圏及び英国において、2022年以降持ち直していたが、金融引締めを受けて2023年７－９月期はおおむね横ばいとなっている。

　外需については、ユーロ圏の輸出は英国等ユーロ圏域外の欧州[35]及び中国の需要の停

---

[32] 前期比年率では、2023年７－９月期▲0.5%、同年10－12月期0.2%。

[33] 前期比年率では、2023年７－９月期▲0.5%、同年10－12月期▲1.4%。

[34] ここでは全体像を簡便に把握するため、感染症拡大前の2019年10－12月期を100として比較している。

[35] ユーロ圏の主な域外輸出先は、2022年の財輸出（名目、金額ベース）ではアメリカ22.2%、英国9.8%、中国7.3%、ポーランド7.1%、スイス6.1%。

滞から2022年10-12月期以降減少し、英国の輸出もユーロ圏内を含む欧州[36]の需要の伸び悩みから2023年1 3月期以降減少しており、ユーロ圏及び英国の輸出はともに弱含んでいる（第1-1-42図）。

第1-1-42図　ユーロ圏及び英国の実質GDP　需要項目別の動向

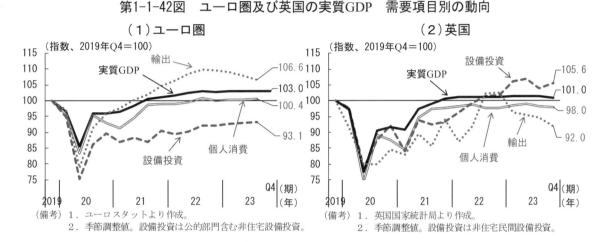

（1）ユーロ圏

（2）英国

（備考）　1．ユーロスタットより作成。
　　　　　2．季節調整値。設備投資は公的部門含む非住宅設備投資。

（備考）　1．英国国家統計局より作成。
　　　　　2．季節調整値。設備投資は非住宅民間設備投資。

　以下では、主要な需要項目である個人消費と設備投資について分析する。

（個人消費は、消費者信頼感の悪化を受け、英国はユーロ圏よりも弱い動き）

　はじめに、個人消費の動向の背景を所得面から確認するため、ユーロ圏及び英国での名目賃金と物価の上昇率を比較してみる。

　欧州では、感染症収束に伴う経済活動の再開やロシアによるウクライナ侵略（以下「ウクライナ侵略」という。）に伴うエネルギー価格の高騰を受けて、消費者物価上昇率が名目賃金上昇率を上回り、実質賃金の伸びがマイナス傾向で推移していたが、2023年半ばから変化がみられる。実質賃金上昇率は、消費者物価上昇率の低下と名目賃金上昇率の高まりを受けて、ユーロ圏では2023年7-9月期にプラスに転じ、英国では、2023年4-6月期以降プラスで推移している。このため、実質的な購買力は改善し始めていると考えられるものの、上述のように、実質個人消費支出には回復がみられていない（第1-1-43図）。

---

[36] 英国の主な輸出先は、2022年の財輸出（名目、金額ベース）ではアメリカ13.8%、オランダ9.0%、ドイツ8.0%、アイルランド7.3%、中国6.9%。

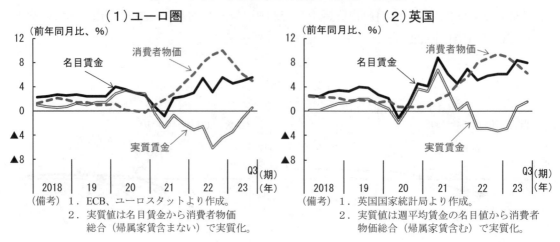

第1-1-43図　実質賃金と物価の推移（国別）

（1）ユーロ圏

（2）英国

（備考）1．ECB、ユーロスタットより作成。
　　　　2．実質値は名目賃金から消費者物価総合（帰属家賃含まない）で実質化。

（備考）1．英国国家統計局より作成。
　　　　2．実質値は週平均賃金の名目値から消費者物価総合（帰属家賃含む）で実質化。

　消費の弱さの背景には、消費者信頼感（消費者マインド）[37]の悪化が考えられる。消費者信頼感を構成する家計の現状と先行き、経済見通し及び高額商品購買意欲の推移をみると、特に、経済見通しは、英国のEU離脱が国民投票で可決された2016年６月以降、英国はユーロ圏よりも低いDI（良くなると答えた割合と悪くなると答えた割合の差）で推移しており、EU離脱を契機に、大陸の欧州諸国の市場へのアクセス悪化等への悲観的な見方が英国の消費者に広がったことが確認できる。さらに、2021年末からの金融引締めの開始以降は、構成項目のうち特に家計の先行きと高額商品購買意欲において、英国はユーロ圏よりも悪化が顕著である（第1-1-44図）。

第1-1-44図　ユーロ圏及び英国の消費者信頼感

（1）全体

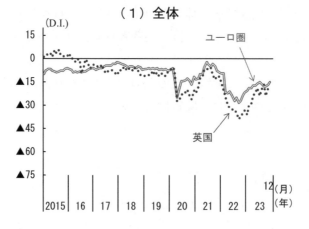

---

[37] 消費者に対し家計の現状及び予想される今後12か月間の先行き、予想される全般的な今後12か月間の経済状況の見通し、今後12か月間に大きな買い物をする意向に関する質問に対するDIの単純平均値（％ポイント）。

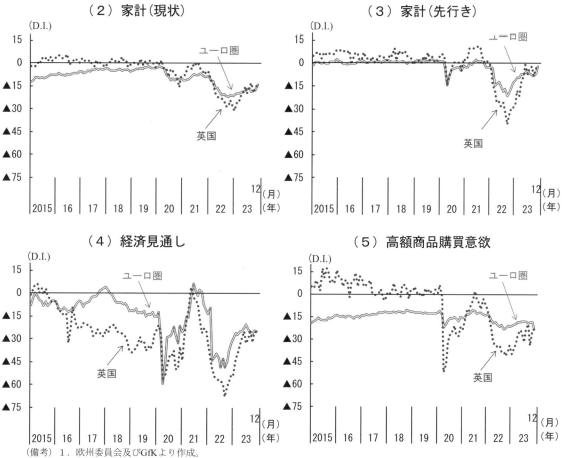

（２）家計（現状）

（３）家計（先行き）

（４）経済見通し

（５）高額商品購買意欲

（備考）　１．欧州委員会及びGfKより作成。
　　　　　２．ユーロ圏の消費者信頼感の公表値は、経済情勢（過去）のDIも含めた５つのDIを単純平均
　　　　　　　したものとなっているが、ここでは英国との比較のために同DIを除いた計４つのDIの単純
　　　　　　　平均値を全体のDIとして掲載している。

　こうした違いの背景としては、金利上昇に伴う住宅ローン負担の影響の違いが考えら
れる。持ち家比率は、ユーロ圏と英国で同程度であるものの（第1-1-45図）、英国で５年
以内に借換え時期を迎える短期の住宅ローンの比率はドイツ等と比べて著しく高く（第
1-1-46図）、こうしたローンの大部分が低利で契約されているため、借換えの際の金利上
昇に伴う返済額の増加の影響が大きいことが考えられる。また、イングランド銀行（BOE）
も、住宅ローンを保有する世帯が金利上昇に伴う住宅ローン支払いの増加を見据えて消
費を抑制し、予備的に貯蓄を積み増していることを指摘している[38]。

　消費者信頼感の振れの幅は国によって違いがみられることに留意が必要であるが、住
宅ローンの金利構造という制度的な要因も考慮すれば、消費者信頼感の相対的な悪化が、
英国の消費の相対的な弱さの一因となったことを示唆していると考えられる。

---

[38]　BOE(2023)

第1-1-45図　欧州の持ち家比率　　第1-1-46図　金利種類別の新規住宅ローン

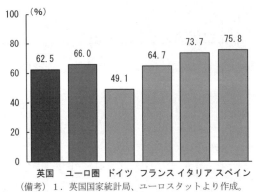

（備考）　1．英国国家統計局、ユーロスタットより作成。
　　　　　2．2021年値。

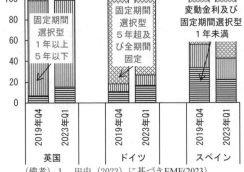

（備考）　1．田中（2023）に基づきEMF(2023)、
　　　　　　　EMF(2024)より作成。
　　　　　2．2019年Q4及び2023年Q1に締結された新規
　　　　　　　住宅ローンの実績。フランスはデータ未掲
　　　　　　　載、イタリアは固定金利の詳細分類がない
　　　　　　　ため不掲載としている
　　　　　　　（イタリア内訳：2019年Q4変動金利
　　　　　　　19.7％、固定金利80.3％、2023年Q1変動
　　　　　　　金利37.4％、固定金利62.6％）。

　　また、消費の弱さの背景には、金利上昇を受けた利子収入の増加に伴う貯蓄意欲の高まりもあると考えられる[39]。感染症拡大前の2019年各四半期の貯蓄額と比較して積みあがった超過貯蓄を名目のフロー及び実質のストックベースでみると、名目のフローはユーロ圏及び英国ともに感染症収束に伴い低下傾向となっていたが、2022年半ば以降は緩やかな上昇傾向に転じている。これを受けて、実質のストックは、消費者物価上昇率の低下もあいまって、同様に2022年半ば以降は緩やかな増加傾向にある。この結果、2023年4－6月期の実質超過貯蓄ストックは、実質GDP比でみて、ユーロ圏では約3.8％（約1.1兆ユーロ）、英国では約12.1％（約0.3兆ポンド）となっており、英国がユーロ圏に対して相対的に貯蓄を積み増していることが確認できる（第1-1-47図）。

　　なお、ECBは、2023年4－6月期時点で、超過貯蓄は高所得者層に偏ってはいるものの、低所得者層でも貯蓄超過がみられると指摘しており[40]、低所得者層でも貯蓄の取り崩しによる消費の下支えの余地があると考えられる。

---

[39] 貯蓄増加の背景については、ECB(2023)では、2023年中には実質賃金の増加や高金利を受けた非労働収入の増加により実質可処分所得の増加が見込まれるが、そもそも非労働所得は貯蓄性向が高く、また高金利を受けて貯蓄意欲が高まっていると指摘されている。
[40] Battistini, N. and J. Gareis(2023)では、2023年4－6月期において、所得階層5分位の最上位が超過貯蓄の49.3％、同第2位が9.0％、同第3位が13.1％、同第4位が19.8％、最下層が8.9％を保有していると指摘されている。

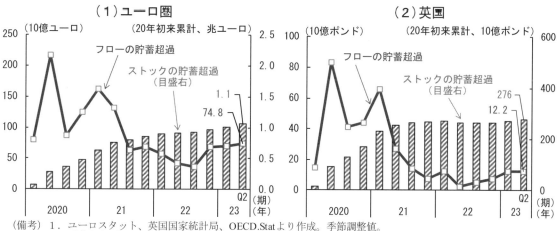

第1-1-47図　ユーロ圏及び英国の家計の超過貯蓄

（1）ユーロ圏

（2）英国

（備考）1．ユーロスタット、英国国家統計局、OECD.Statより作成。季節調整値。
　　　　2．貯蓄超過（フロー、ストック）の前提となる各四半期の貯蓄額の計算式は、
　　　　　　貯蓄額＝家計可処分所得－家計最終消費支出。
　　　　3．フローの貯蓄超過額は名目値、ストックは実質値。

（設備投資は、おおむね横ばい）

　続いて、設備投資の動向を確認する。

　ユーロ圏においては、2021年以降は、政策対応（後述）を受けた脱炭素やデジタル化に向けた投資需要を中心に、知的財産生産物投資、機械・機器投資及び構築物投資のいずれも持ち直してきた。しかしながら、金融引締めやウクライナ侵略に伴う経済の先行き不透明感に加え、輸出先の資本財需要の低下を受け、工場建設等を控える動きがみられ始めたことから、2023年半ば以降は、構築物投資はおおむね横ばいとなり、設備投資全体としてもおおむね横ばいで推移している（第1-1-48図）。

　なお、知的財産生産物投資は、感染症拡大前の2019年10－12月期を下回って推移しているが、背景には同期にアイルランドに対するユーロ圏外からの知的財産生産物投資が大幅に増え、高水準にあったことが挙げられる。この影響を除くため、2018年の平均値と比べると、2023年7－9月期の知的財産生産物投資は約15％増加しており、デジタル化を進めるための投資の強さがうかがえる。

第1-1-48図　ユーロ圏の実質設備投資

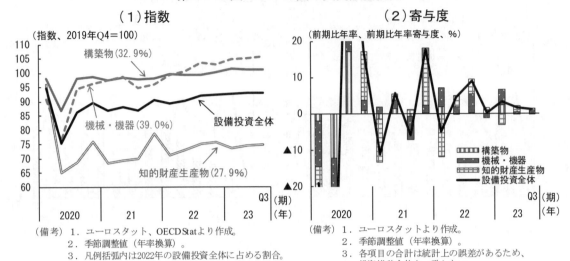

（1）指数

（指数、2019年Q4＝100）

構築物（32.9%）

機械・機器（39.0%）

設備投資全体

知的財産生産物（27.9%）

Q3（期）
2020　21　22　23（年）

（備考）1．ユーロスタット、OECD Statより作成。
　　　　2．季節調整値（年率換算）。
　　　　3．凡例括弧内は2022年の設備投資全体に占める割合。

（2）寄与度

（前期比年率、前期比年率寄与度、%）

構築物
機械・機器
知的財産生産物
設備投資全体

Q3（期）
2020　21　22　23（年）

（備考）1．ユーロスタットより作成。
　　　　2．季節調整値（年率換算）。
　　　　3．各項目の合計は統計上の誤差があるため、
　　　　　投資推移全体と一致しない。

　英国においても、ユーロ圏と同様に政策対応（後述）を受けた脱炭素やデジタル化に向けた設備投資需要から、2021年以降、知的財産生産物投資、機械・機器投資及び構築物投資のいずれも持ち直してきた。しかしながら、金融引締めやウクライナ侵略に加えて、英国においてはEU離脱に伴う経済の先行きに対する懸念が政策効果を弱めることとなり、2023年半ば以降は機械・機器投資及び構築物投資が減速したことを受け、設備投資全体としてはおおむね横ばいで推移している（第1-1-49図）。

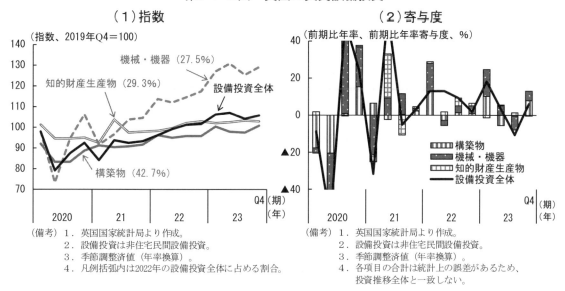

第1-1-49図　英国の実質設備投資

（1）指数

（指数、2019年Q4＝100）

機械・機器（27.5%）
知的財産生産物（29.3%）
設備投資全体
構築物（42.7%）

2020　21　22　23　Q4（期）（年）

（備考）1．英国国家統計局より作成。
　　　　2．設備投資は非住宅民間設備投資。
　　　　3．季節調整済値（年率換算）。
　　　　4．凡例括弧内は2022年の設備投資全体に占める割合。

（2）寄与度

（前期比年率、前期比年率寄与度、%）

構築物
機械・機器
知的財産生産物
設備投資全体

2020　21　22　23　Q4（期）（年）

（備考）1．英国国家統計局より作成。
　　　　2．設備投資は非住宅民間設備投資。
　　　　3．季節調整済値（年率換算）。
　　　　4．各項目の合計は統計上の誤差があるため、
　　　　　　投資推移全体と一致しない。

　なお、金融引締めが進展する中であっても、設備投資が大きく落ち込まなかった背景には、脱炭素化等に向けた投資を促す政策の効果が考えられる。

　EUは2020年12月に、2030年の温室効果ガス排出量を1990年比で少なくとも55%削減する目標を達成するための「Fit for 55」計画を、2022年3月にはウクライナ侵略を受けて「REPowerEU」計画等を策定している。また、英国は、温室効果ガス排出量を2035年に1990年比で78%削減することを目標としており、長期的なエネルギー安全保障と自立の強化等を目指し、2023年3月には「パワーアップ・ブリテン」を発表し、炭素排出のネットゼロを達成しながら英国の国際競争力の強化を目指すこととしている[41]。

　このほか、EUにおいては、「Fit for 55」に基づきバッテリー規則を改正し、2024年以降、リサイクル済み原材料の使用割合の最低値導入、廃棄された携帯型バッテリーの回収率や、原材料別再資源化率の目標値導入義務が順次課される見込みである。域内企業にも同規則改正に基づく対応が求められることから、設備投資計画が相次いで公表されている（第1-1-50表）。

---

[41] 各施策の内容については内閣府（2023b）参照。なお、2023年9月20日、スナク首相は、当初2030年までと定めていたガソリン車とディーゼル車の新車販売全面禁止の時期を2035年に先送りするとともに、2026年から段階的に導入を予定していた石油・ガスボイラーの新規設置禁止についても2035年に先送りすると発表している。背景として、電気自動車への買換えや、クリーン暖房への転換には多額のコストを要し、インフレにより家計が圧迫されている現状に鑑みれば、当初の目標が現実的ではないと判断したためとしている。

第1-1-50表　EU域内における電気自動車（EV）関連の設備投資

公表年月	企業名	場所	投資規模	年間生産能力
2022年7月	フォルクスワーゲン	ニーダーザクセン州（ドイツ）	2030年までに200億ユーロ	蓄電池セルの年間生産能力は40ギガワット時（GWh）。電気自動車（EV）約50万台分に相当。
2023年3月	フォルクスワーゲン	バレンシア州（スペイン）	70億ユーロ	蓄電池セル年間生産能力は40ギガワット時（GWh）。
2023年6月	リビスタ・エナジー・ヨーロッパ	ニーダーザクセン州（ドイツ）	6億ユーロ	欧州初のリチウム精製工場で、リチウムの年間生産能力は最大4万トン。うち、水酸化リチウム3万トン、炭酸リチウム1万トン。
2023年6月	欧州フォード	ノルトライン・ヴェストファーレン州（ドイツ）	20億ドル	電気自動車（EV）の年間生産能力は25万台。

（備考）中村（2022）、伊藤（2023）、中村・小川（2023）、高塚（2023）より作成。

　また、ドイツ政府は、2023年8月には「経済拠点としてのドイツのための計画」を公表し、研究開発費用の損金算入額の上限を現行の3倍へ引き上げるとともに、グリーン技術に係る投資額の15%を補助すること等により、2028年まで年間70億ユーロ（1.1兆円）規模の設備投資支援を行うこととしている。

　これらの政策対応は、ユーロ圏、英国ともに、2023年の設備投資にプラス寄与しているものと考えられる。設備投資は、2023年半ば以降おおむね横ばいで推移しているが、政策効果の更なる発現により、今後は持ち直しの動きが期待される。

（労働需給は、ユーロ圏では引締まりが継続、英国では緩和）

　続いて労働市場の動向を確認する。まず、労働供給をみると、15〜64歳の労働力人口は、ユーロ圏は2021年に感染症拡大前の水準を超えた後、増加が続いている。回復が遅れていた英国でも、2023年4−6月期に感染症拡大前の水準に戻っている（第1-1-51図）。なお、就業者数についても同様の動きが確認される（第1-1-52図）。

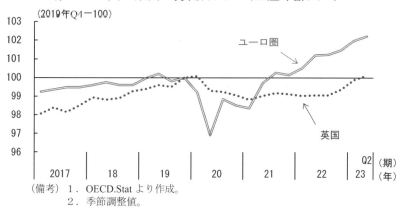

第1-1-51図　欧州の労働力人口（生産年齢人口）

（2019年Q4=100）

ユーロ圏

英国

2017　18　19　20　21　22　23　Q2（期）
　　　　　　　　　　　　　　　　　（年）

（備考）　1．OECD.Stat より作成。
　　　　　2．季節調整値。

第1-1-52図　欧州の就業者数

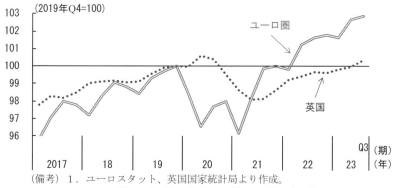

（2019年Q4=100）

ユーロ圏

英国

2017　18　19　20　21　22　23　Q3（期）
　　　　　　　　　　　　　　　　　（年）

（備考）　1．ユーロスタット、英国国家統計局より作成。
　　　　　2．ユーロ圏は15歳以上64歳以下、英国は16歳以上64歳以下。

　さらに、労働参加率の動向を、15〜64歳、その内訳の25〜54歳及び55〜64歳、加えて65歳〜74歳の各年齢層についてみてみる（第1-1-53図）。ユーロ圏においては、いずれの年齢層でも感染症拡大前の水準を上回って推移している。英国においては、生産年齢人口全体では感染症拡大前の水準をおおむね回復している。うち55〜64歳では、感染症拡大以降、経済不活発率[42]は上昇し労働参加率の低下傾向がみられたが、2023年1－3月期以降、感染症収束に伴い短時間労働者が増加したことなどにより回復している[43]。

---

[42]　4週間求職活動をしていないか、2週間以内に就労予定のない非就労者の生産年齢人口に占める割合。
[43]　内閣府（2023b）

第1-1-53図　欧州の労働参加率

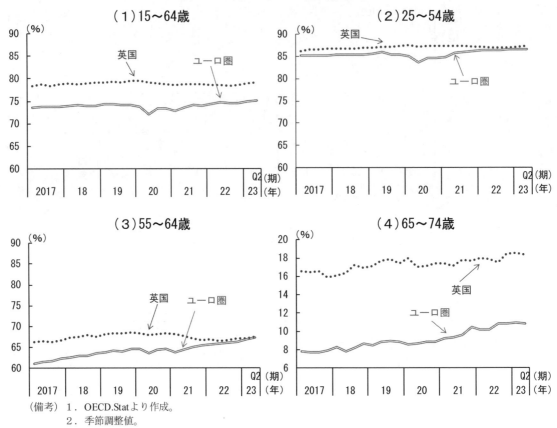

（1）15〜64歳

（2）25〜54歳

（3）55〜64歳

（4）65〜74歳

（備考）　1．OECD.Statより作成。
　　　　　2．季節調整値。

　続いて、労働需要の強さを欠員率[44]の動向からみてみる。2020年後半以降、ユーロ圏及び英国ともに経済活動の再開等を受けて労働需要が増加したことから欠員率が上昇に転じ、2022年前半にかけてユーロ圏は3.2％、英国は3.8％と、感染症拡大前（2019年10－12月期）と比べてそれぞれ1.0％ポイント及び1.4％ポイント高い水準となった。その後、金融引締めを受けて低下傾向となっているものの、ともに感染拡大前以上の水準を維持している。ただし、ユーロ圏は2023年7－9月期には2.9％と2022年前半のピーク時から0.3％ポイント、英国は4－6月期に3.1％と0.7％ポイント低下し、英国はユーロ圏に比べ急速に労働需要が減少しているが、背景としては、前述のとおり、英国の消費がユーロ圏よりもより弱い動きを示していることが考えられる[45]（第1-1-54図）。

---

[44]　求人数と雇用者の和に対する求人数の割合。
[45]　BOE(2023)は、金融引締めに伴う景気の先行き不透明感からの新規採用抑制を指摘している。また、Oscar, A. et al.(2023)は、企業が今後必要性の高まりが見込まれる熟練労働者の確保に努めていることから、ユーロ圏の欠員率が高止まりした可能性を指摘している。

第1-1-54図　欧州の欠員率

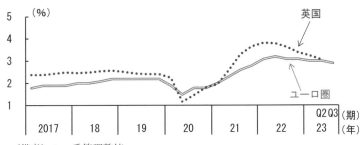

（備考）　1．季節調整値。
　　　　　2．英国はOECD.Statより内閣府が計算。
　　　　　　計算式は「求人数／（求人数＋雇用者数）」。
　　　　　3．ユーロ圏はユーロスタットより作成。農林水産業を除いた値。

　英国の労働需要の動向を確認するため、求人数の推移をみると、2022年６月以降減少傾向にある。業種別では、製造業は2022年４月以降、サービス業は同年６月、建設業は同年10月以降いずれも減少傾向にあり、いずれの業種も同年12月までに、求人数がピークから３割程度減少している[46]。2022年の求人数の９割程度を占めるサービス業のうち、医療・社会福祉では2023年10月、卸・小売は同年８月、飲食・宿泊は同年４月以降、いずれも減少傾向にあり、特に飲食・宿泊の減少率が大きい[47]（第1-1-55図）。

第1-1-55図　英国の求人数の推移

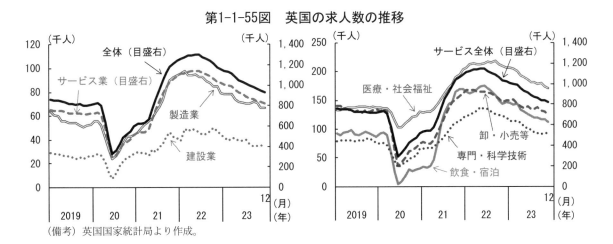

（備考）英国国家統計局より作成。

　以上のように、欧州では労働供給は感染症拡大以前の水準をおおむね回復し、労働参加率の高まりもみられる一方、労働需要は感染症拡大以前の水準を上回っているが、2022年後半以降、特に英国で減少がみられている。感染症拡大以降の需給のひっ迫を受け低

[46] 減少率は製造業31.6％、サービス業28.6％、建設業28.0％。
[47] 減少率は医療・社会福祉22.4％、卸・小売26.2％、飲食・宿泊36.0％。

下してきた失業率は、ユーロ圏では、2023年10月において6.5%とおおむね横ばいを維持し、労働市場は堅調に推移[48]している（第1-1-56図）。他方、英国の失業率は、2023年7月において4.3%[49]と2023年2月以降上昇している[50]。この背景の1つとして、上述のように、特に飲食・宿泊等のサービス業で求人数が減少傾向にあることが考えられる（前掲第1-1-55図）。

第1-1-56図　欧州の失業率

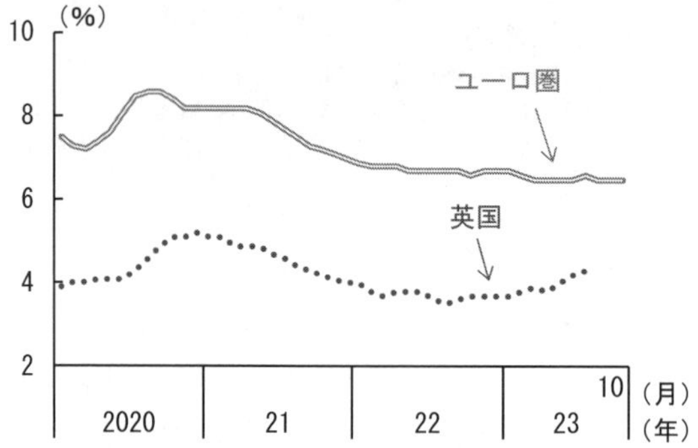

（備考）ユーロスタット、英国国家統計局より作成。

（交易利得・損失は、ユーロ圏でマイナス、英国ではプラス）

　これまでみてきたように、ユーロ圏と英国の景気動向を比較すると、英国での消費の弱さや労働市場の需給の緩みは、ユーロ圏と比べて景気の下押し要因となっていると考えられる。一方、足下の交易条件の改善は、英国の景気を下支えしていると考えられる。ウクライナ侵略を受けたエネルギー価格の高騰に加え、ユーロ及びポンドの対ドル為替レートが下落したことから、2022年7-9月期にはユーロ圏の交易損失は対GDP比で2.8%、英国は同1.9%となった。その後エネルギー価格の下落や為替レートの上昇等を受けて、2023年4-6月期には、ユーロ圏の交易損失は対GDP比0.4%まで縮小、英国の交易利得は同0.5%とプラスに転じた（第1-1-57図）。

　こうした交易条件の変化に伴う実質購買力の変化によって、ユーロ圏については引き続き景気の下押し圧力がみられるものの、その程度は急速に緩和しており、英国については、景気を下支えする動きがみられていると考えられる。

---

[48] ユーロ圏の失業率は、ユーロ圏通貨導入（1999年1月）以降の最低水準。
[49] 英国は、ILO基準の失業率を推計する基礎となる労働力調査の調査結果について、不確実性が拡大していることから、従来の推計方法による失業率の公表を2023年8月値以降、中止している。
[50] BOE(2023)は、雇用の喪失や雇用の伸びの鈍化等更なる雇用情勢悪化の可能性を指摘している。

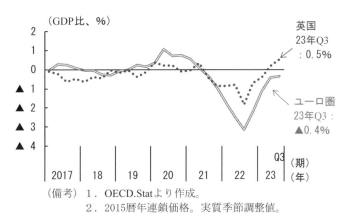

第1-1-57図　ユーロ圏及び英国の実質交易利得・損失

（備考）　1．OECD.Statより作成。
　　　　　2．2015暦年連鎖価格。実質季節調整値。

（まとめ：英国は消費と雇用はユーロ圏より弱いが、交易利得が下支え）

　これまでみてきたように、ユーロ圏と英国の景気はともに弱含んでいるが、両者の動向には異なる特徴もみられる。特に個人消費については、ユーロ圏、英国ともに名目賃金上昇率が消費者物価上昇率を上回り実質的な購買力の向上がみられ始めたものの、ユーロ圏では弱含んでおり、英国においてはEU離脱決定以降の経済見通しの悪化や、金利上昇に伴い住宅ローン利払い負担が増加するとの懸念から、弱い動きとなっている。

　設備投資については、ユーロ圏及び英国ともに知的財産生産物は設備投資を継続的に引き上げている一方、金融引締め等を受けて、設備投資全体はおおむね横ばいで推移している。

　雇用情勢については、ユーロ圏においては引き続き労働需給がひっ迫して堅調に推移しているものの、英国においては労働需要の鈍化に伴い労働市場は緩和している。

　一方で、交易損失・利得については、ユーロ圏では交易損失が発生し、景気の下押し圧力がみられるものの、その程度はこのところ急速に緩和している。英国については交易利得が発生し、景気を下支えする動きがみられている。

　先行きについては、個人消費は、ユーロ圏及び英国では弱含みが続くことが懸念されるが、超過貯蓄の取崩しによって下支えされる可能性も考えられる。設備投資については、ユーロ圏及び英国では、ともに脱炭素やデジタル化に向けた政策効果の更なる発現により、持ち直しの動きが期待される。総じてみれば、ユーロ圏においては、今後景気は持ち直しに転じていくが、英国においては、EU離脱と住宅ローン利払い負担の増加が消費の回復ペースを弱め、景気は横ばい圏内で推移すると考えられる。

コラム３　ウクライナ侵略と欧州の石油・天然ガス供給の変化

　本コラムでは、ウクライナ侵略を受けた欧州主要国の石油・天然ガス供給の変化と、エネルギー価格の推移について確認する。

（ウクライナ侵略前は、ドイツとイタリアはロシアへのエネルギー依存が高い）
　まず、ウクライナ侵略前の2021年における、欧州各国のロシアからの石油・天然ガスの輸入金額の国別構成比をみると、主要国の中では、イタリア（17.5％）及びドイツ（13.0％）で高く、フランス（4.8％）やスペイン（3.8％）は相対的に低い（図１）。

図１　欧州各国のロシアからの石油・天然ガス輸入国構成比（2021年）

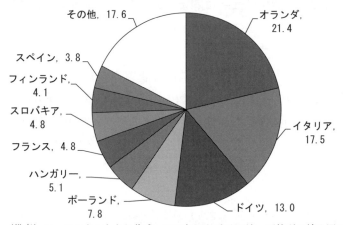

（備考）ユーロスタットより作成。2021年における石油・天然ガス輸入国の割合。

　次に、ユーロ圏及び欧州主要４か国（ドイツ、イタリア、スペイン、フランス）の2021年における石油・天然ガス輸入先をみると、ユーロ圏はロシアからの輸入が21.1％、ドイツは27.1％、イタリアは25.7％であり、両国はユーロ圏全体と比較してロシアへの依存度が高い。一方、スペインは8.0％、フランスは10.6％とロシアへの依存度は低い（図２）。

図2 欧州主要国の石油・天然ガス輸入先（2021年）

（1）ユーロ圏

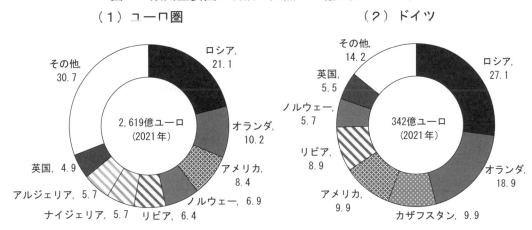

その他, 30.7
ロシア, 21.1
オランダ, 10.2
アメリカ, 8.4
ノルウェー, 6.9
リビア, 6.4
ナイジェリア, 5.7
アルジェリア, 5.7
英国, 4.9

2,619億ユーロ
（2021年）

（2）ドイツ

その他, 14.2
ロシア, 27.1
英国, 5.5
ノルウェー, 5.7
リビア, 8.9
アメリカ, 9.9
カザフスタン, 9.9
オランダ, 18.9

342億ユーロ
（2021年）

（3）イタリア

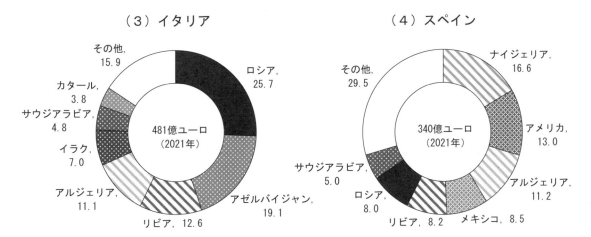

その他, 15.9
ロシア, 25.7
カタール, 3.8
サウジアラビア, 4.8
イラク, 7.0
アルジェリア, 11.1
リビア, 12.6
アゼルバイジャン, 19.1

481億ユーロ
（2021年）

（4）スペイン

その他, 29.5
ナイジェリア, 16.6
アメリカ, 13.0
アルジェリア, 11.2
メキシコ, 8.5
リビア, 8.2
ロシア, 8.0
サウジアラビア, 5.0

340億ユーロ
（2021年）

（5）フランス

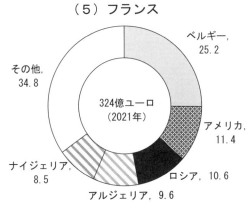

その他, 34.8
ベルギー, 25.2
アメリカ, 11.4
ロシア, 10.6
アルジェリア, 9.6
ナイジェリア, 8.5

324億ユーロ
（2021年）

（備考）ユーロスタットより作成。いずれも2021年における石油・天然ガス輸入相手国の割合。

（ウクライナ侵略後のエネルギー価格高騰は、エネルギー集約度が高い産業を制約）

しかしながら、ウクライナ侵略後の2022年３月以降の石油・天然ガスのロシアからの輸入金額の推移をみると、ドイツは、2023年春以降ほぼ輸入を停止し、イタリアは、2023年半ば頃にはほぼ輸入を停止している（図３）。その結果、2023年１～９月の石油・天然ガスの輸入先は、ドイツにおいては、ロシアは0.1%（2021年は27.1%）と大幅に減少する一方、ノルウェーが13.8%（同5.7%）、アメリカが12.6%（同9.9%）、英国が9.7%（同5.5%）と大幅に増加している。イタリアにおいては、ロシアが2.7%（同25.7%）と大幅に減少する一方、アルジェリアが20.5%（同11.1%）、アメリカが10.1%（同2.3%）、ノルウェーが5.6%（同2.7%）と大幅に増加している（図４）。

図３　欧州主要４か国の原油・天然ガスのロシアからの輸入の推移

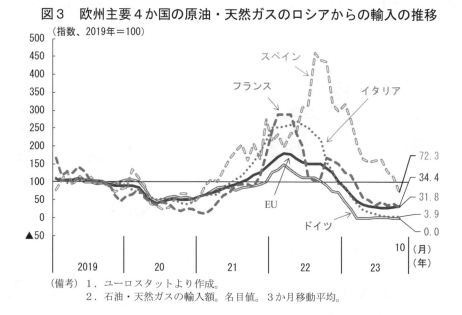

（備考）　１．ユーロスタットより作成。
　　　　　２．石油・天然ガスの輸入額。名目値。３か月移動平均。

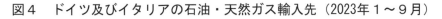

図4　ドイツ及びイタリアの石油・天然ガス輸入先（2023年1〜9月）

（1）ドイツ　　　　　　　　　　　　　　（2）イタリア

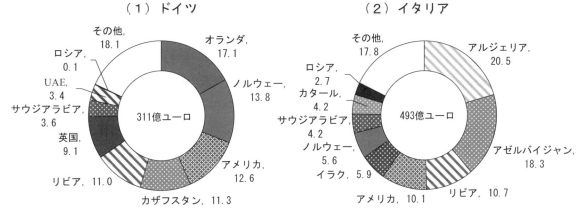

（備考）ユーロスタットより作成。名目、金額ベース。

　このようなロシアへのエネルギー依存を急速に減少させた結果、欧州各国のエネルギー供給量は急速に減少したことから、感染症収束に伴う経済活動の再開を受けて上昇傾向にあったエネルギー価格は更に急上昇した。特に、ロシアへの依存度が高かったドイツとイタリアはフランスやスペインに比べてピーク時の価格が高かったことが確認できる（図5）。

図5　欧州主要国のエネルギー価格の推移

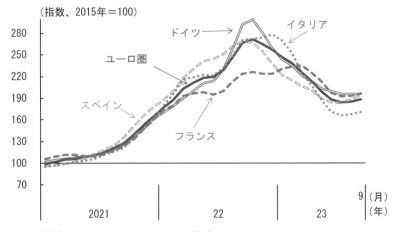

（備考）　1．ユーロスタットより作成。
　　　　　2．生産における中間財としてのエネルギー価格の
　　　　　　　2015年を100とした指数の3か月移動平均。

エネルギー価格の高騰は、特にエネルギー集約度（生産一単位当たりの一次エネルギー[51]消費量）が高い産業（金属、化学、鉄鋼等）の生産を大きく制約している可能性がある。Christian, H. and W. Enzo(2023)は、ドイツの産業別パネルデータを用いた分析で、ウクライナ侵略前にエネルギー価格が急上昇していた2021年９月以降、短期の影響として、エネルギー集約度の高い産業ほど生産の下押しがみられていたものの、ウクライナ侵略後はこうした影響が４倍以上となり、エネルギー価格の高騰がウクライナ侵略を契機にエネルギー集約度の高い産業の生産を大きく減らした[52]ことを示唆している。

　ウクライナ侵略の今後の見通しが不透明な中で、エネルギー集約度が高い産業の生産を回復させるためには、石油・天然ガスから再生可能エネルギー等へのエネルギー源の転換を進める必要がある。しかしながら、エネルギー構造の転換には中長期的な対応が求められることから、短期的には現在のエネルギー価格高騰が、エネルギー集約度の高い産業を中心とした生産への制約になる可能性は引き続き残ると考えられる。

---

[51] 石油、天然ガス、石炭、水力、原子力、風力、潮力、地熱、太陽光等、自然から直接採取できるエネルギー。

[52] Christian, H. and W. Enzo (2023)では、エネルギー価格が急上昇した2021年９月以降ウクライナ侵略前までは、エネルギー集約度の１％の上昇がもたらす生産指数の減少幅は0.48であったが、ウクライナ侵略以降では2.16へ上昇したと指摘している。こうした影響の違いは、感染症拡大以降続いてきたサプライチェーンの目詰まりが、ウクライナ侵略により一気に悪化したことを反映しているとみられている。

3．欧米の物価・金融政策の動向と金融資本市場への影響

　本項では、まず、低下傾向にある欧米の物価動向及びその背景について確認する。続いて、物価動向を受けた金融政策の変化及び金融資本市場への影響について確認する。

（輸入インフレ圧力は弱まりつつあり、消費者物価上昇率は低下傾向）

　消費者物価上昇率は、各国ともに2022年半ば以降は低下傾向となっている（第1-1-58図）。共通する要因として、エネルギー、食料及びその他財の価格の上昇率低下が挙げられる。

第1-1-58図　欧米の消費者物価上昇率（前年比）[53]

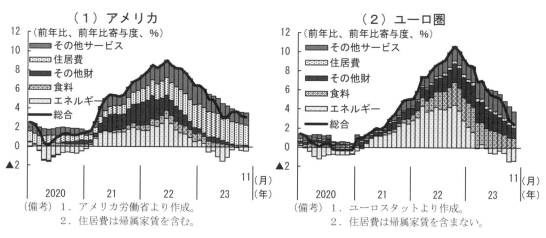

（1）アメリカ

（2）ユーロ圏

（備考）　1．アメリカ労働省より作成。
　　　　　2．住居費は帰属家賃を含む。

（備考）　1．ユーロスタットより作成。
　　　　　2．住居費は帰属家賃を含まない。

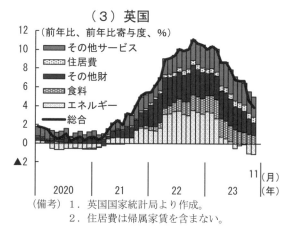

（3）英国

（備考）　1．英国国家統計局より作成。
　　　　　2．住居費は帰属家賃を含まない。

---

[53] アメリカの消費者物価指数は帰属家賃を始めとした住居費を含む一方、ユーロ圏及び英国の消費者物価指数は帰属家賃を含まない。

その背景としては、輸入インフレ圧力の弱まりが考えられる。財及びサービスの輸入物価[54]（前年比）の動向をみると（第1-1-59図）、2022年前半から年半ばにかけては、ウクライナ侵略を受けたエネルギー及び食料価格の高騰（第1-1-60図）を受けて、財を中心に輸入物価上昇率は加速した。特に、エネルギーを輸入に依存するユーロ圏では、アメリカに比べ財の輸入物価上昇率の加速が長期化していた。

しかしながら、2022年後半以降は、金融引締めの進展に伴う通貨高に加え（第1-1-61図）、エネルギー及び食料価格の下落並びに国際物流コストの低下（第1-1-62図）を受け、欧米ともに輸入物価の上昇率には低下傾向がみられ、2023年半ばにはマイナスとなった。こうしたことから、欧米ともに国内物価に対する輸入インフレ圧力は弱まりつつあることがうかがえる。しかしながら、国際海運コストは2023年11月半ばに底打ちしており、再度輸入インフレ圧力が加速する可能性がある点には注視が必要である。

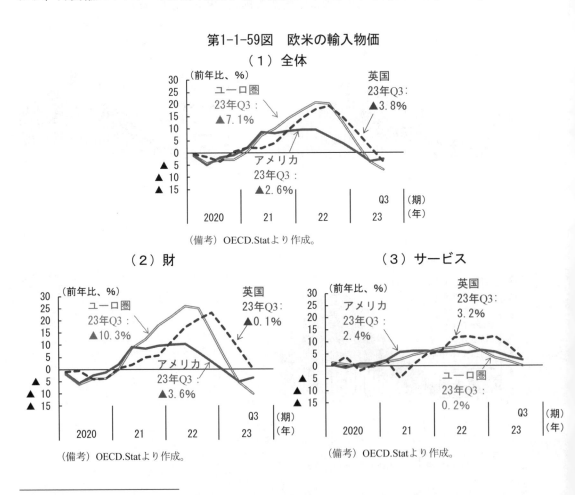

第1-1-59図　欧米の輸入物価
（1）全体

（2）財　　　　　　　　　　　　　　（3）サービス

（備考）OECD.Statより作成。

---

[54] ここでの輸入物価は、国民経済計算における輸入デフレーターを用いている。2022年の実質輸入額全体に占める財の輸入額の割合は、アメリカは82.7%、ユーロ圏は71.3%、英国は69.1%であり、各国ともに財のウェイトが相対的に高い。

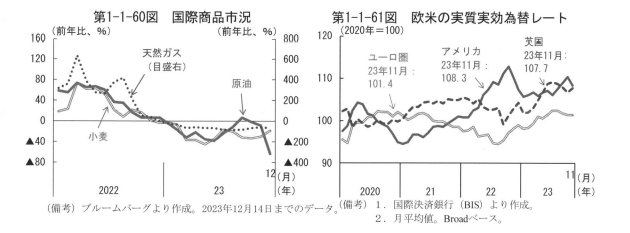

第1-1-60図 国際商品市況

（前年比、％）　　　　　　　　　　　（前年比、％）

天然ガス（目盛右）

原油

小麦

（備考）ブルームバーグより作成。2023年12月14日までのデータ。

第1-1-61図 欧米の実質実効為替レート

（2020年＝100）

ユーロ圏
23年11月：
101.4

アメリカ
23年11月：
108.3

英国
23年11月：
107.7

（備考）１．国際決済銀行（BIS）より作成。
　　　　２．月平均値。Broadベース。

第1-1-62図 国際物流コスト（バルチック指数）

（１）海運

（1985年１月４日＝1,000）

2/24
2,187

（備考）ブルームバーグより作成。

（２）空運

（2020年１月６日＝100）

（備考）１．Baltic/ TAC dataより作成。
　　　　２．フランクフルト発の空運指数。

コラム4　国際商品市況

　2020年以降、国際商品市況は感染症の拡大と収束、ウクライナ侵略等を受けて大きく変動した。本コラムでは、2021年以降世界的にみられた急激な物価上昇の契機となり、各国の物価動向、ひいては景気動向に大きな影響を与える主要な商品である原油、天然ガス、小麦の価格動向について概観する（図1）。分析の対象とした2023年後半の動きについては、原油価格に一時的な上昇がみられたものの、いずれの価格も総じて安定した水準で推移していた。背景には、原油についてはOPECプラスによる協調減産の拡大見送りや中国の景気後退懸念等、天然ガスについては地下ガス貯蔵量の積み増し、小麦についてはロシア産小麦の輸出量増加があったと考えられる。以下、商品ごとに動きを詳しくみていこう。

（i）原油

　原油価格（WTI）は、2023年7月上旬から8月上旬にかけ、OPECプラスによる協調減産の延長等を受けた供給減により上昇し、70ドル台前半から80ドル台半ばで推移した。8月中旬には、中国の景気後退懸念等に伴う需要減を受けて70ドル台後半まで下落したものの、8月下旬から9月にかけ、アメリカの金融引締め長期化懸念の後退等に伴う需要増、サウジアラビアやロシアによる自主減産の延長表明等を受けた供給減から、90ドル台前半まで上昇した。

　その後、10月中旬にはイスラエル及びパレスチナ武装勢力間の衝突に端を発する中東情勢の緊迫化を受けた供給懸念がみられたものの、12月上旬にかけ、中国の景気後退懸念の高まり、OPECプラスによる協調減産の拡大見送り等を受け、60ドル台後半まで下落した。なお、12月中旬には、アメリカ連邦政府による戦略石油備蓄（SPR）の拡大計画の公表等を受け、需要後退に対する警戒感が和らぎ、70ドル台前半まで上昇した。

（ii）天然ガス

　欧州における天然ガスの先物価格（TTF）は、8月初旬から下旬にかけ、南欧での猛暑等を受けた電力需給ひっ迫等を受け、40ユーロ/メガワット時前半まで上昇した。9月上旬から10月上旬にかけ、主要な液化天然ガス（LNG）輸出基地でのストライキの影響がみられたものの、地下ガス貯蔵量の積み増しを受け、30ユーロ/メガワット時後半まで下げた。

　その後、10月中旬から下旬にかけて、中東地域をめぐる情勢の悪化等を受け、50ユーロ/メガワット時前半まで大幅に上昇したが、12月中旬にかけて、暖冬も背景に、30ユーロ/メガワット時半ばまで下落した。

（ⅲ）小麦

　小麦価格（シカゴ商品取引所）は、７月中旬におけるウクライナ産小麦の輸出再開に関するロシアとの合意の更新停止等により、７ドル/ブッシェル台前半まで上昇した。その後、ロシア産小麦の輸出量増加や、価格が高いアメリカ産小麦への低調な輸出需要等を受け、10月にかけて５ドル/ブッシェル台半ばに下落した。

　11月に入り、アルゼンチン産の生産量が減少する見込みから[55]５ドル/ブッシェル台後半に上昇した後、12月中旬には、アメリカ産への輸出需要が改善したことから、６ドル/ブッシェル台前半まで上昇した。

図１　国際商品市況

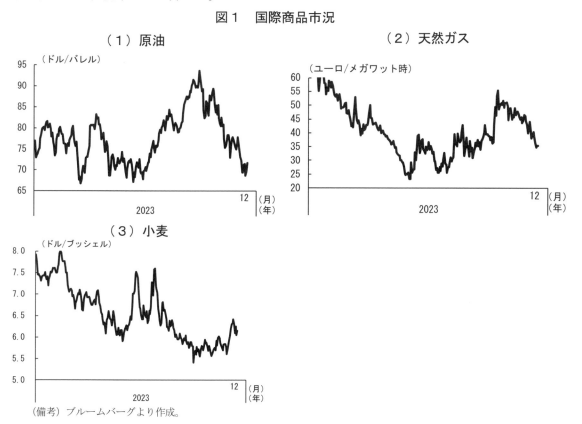

（１）原油

（２）天然ガス

（３）小麦

（備考）ブルームバーグより作成。

---

[55] アルゼンチンは農業生産とその輸出への依存が高く、2023年は干ばつを受けて小麦の輸出量は前年比▲75%、経済成長率は同▲1.8%と見込まれている。これを受けた経済政策等の動向については、布目（2024）参照。

（欧米中銀は物価上昇率の低下を受けて政策金利を据置き）

　欧米中銀は、2022年以降、物価上昇率の加速及び高止まりを受けて金融引締めを継続してきたが、2023年秋以降、物価上昇率が低下傾向にある中で、政策金利を据置きしている（第1-1-63図、第1-1-65表）。

第1-1-63図　欧米主要国・地域の政策金利の推移

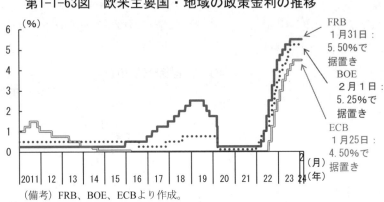

（備考）FRB、BOE、ECBより作成。

　アメリカの連邦準備制度理事会（FRB）は、2022年３月の連邦公開市場委員会（FOMC）において、フェデラル・ファンド・レート（FF金利）の誘導目標範囲を0.25％ポイント引き上げて以降、2023年７月までに累計で5.25％ポイント引き上げた。その後、同年９月以降は、2024年１月のFOMCまで４会合連続で誘導目標範囲が据え置かれた。今後の金融政策決定に関して１月のFOMCでは、「インフレ率が２％に向かって持続的に低下しているという、より確かな確信を得られるまでは、利下げは適切ではないだろう」と、2022年３月以降の利上げ局面の終了を示唆すると同時に、早期の利下げ転換に対しては慎重なスタンスが示された。なお、2023年12月に公表された四半期経済見通し（Summary of Economic Projections）におけるFOMC参加者のFF金利見通し（ドット・チャート）によれば、2024年末までに0.75％ポイントの利下げ（１回の利下げ幅を0.25％ポイントとすれば、３回分の利下げに相当）が行われる可能性が示されている。

　また、政策金利の引上げと同時に、FRBの保有資産の削減（量的引締め）が進んでいる。FRBは2022年５月のFOMCで量的引締めの基本方針を公表し、同年６月に開始して以降、償還を迎えた米国債及び不動産担保証券（MBS）の再投資額を調整[56]することによ

---

[56] 2017年10月から2019年７月にかけての量的引締め局面においては、米国債とMBSの月当たりの削減上限額は当初100億ドル、その後2018年秋にかけて緩やかに500億ドルまで引き上げられた。本局面の削減上限額は月当たり475億ドルから開始し、３か月後には950億ドルまで引き上げられており、前回の量的引締め局面のペースを大きく上回っている。

り、2023年初にかけてFRBの保有資産は着実に減少してきた（第1-1-64図）。2023年３月には、アメリカにおける地方銀行の経営破綻に対応するために新たに導入したバンク・ターム・ファンディング・プログラム（BTFP）[57]の利用が急増したこと等を背景に、FRBの保有資産は一時的に増加したものの、その後は2024年に至るまで順調に減少している[58]。

第1-1-64図　FRBのバランス・シート（資産側）

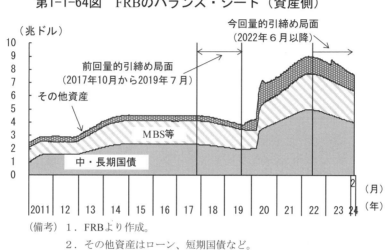

（備考）　1．FRBより作成。
　　　　　2．その他資産はローン、短期国債など。

　欧州中央銀行（ECB）は、2022年７月の理事会において主要リファイナンスオペ金利を0.50％ポイント引き上げて以降、2023年９月までに累計で4.50％ポイント引き上げた。その後、同年10月以降、2024年１月の理事会まで３会合連続で据え置いた。１月の理事会においては、金利は今の水準が十分に長い期間維持されれば、インフレ率が目標の２％へ戻ることに大きく貢献する水準にあると考えている、との認識が示された。今後の政策金利については、経済・金融データによる物価上昇の見通し、基調的な物価変動、金融政策の波及状況に基づいて決定するとしている。さらに、量的引締めに向けた保有資産の削減については、ECBはパンデミック緊急購入プログラム（PEPP）における償還された元本の再投資を2024年７月より一部停止し、2025年１月以降は全て停止する予定と

---

[57] シリコンバレー銀行（SVB）破綻後（2023年３月12日）にFRBによって導入された、金融機関への流動性供給策。金融機関によるBTFPを通したFRBからの借入は、FRBのバランスシートにおいて、金融機関へのローンとして資産計上される。
[58] パウエル議長は2024年１月のFOMC会合後の記者会見において、保有資産削減のペース減速に関する質問に対し、2024年1月の会合で保有資産に関する議論があったこと、次回会合（2024年３月）で深い議論を始めることを計画していることに言及し、2022年６月以降、自動操縦的に運用されてきたFRBの保有資産削減のペース減速について、次回会合で本格的に議論し始めることを事実上予告した。

している。

　また、イングランド銀行（BOE）は、2021年12月の金融政策委員会においてバンク・レートを0.15％ポイント引き上げて以降、2023年８月までに累計で5.15％ポイント引き上げた。その後、同年９月以降、2024年１月の金融政策委員会まで４会合連続で据え置いた。今後については、同年１月の金融政策委員会において、中期的に物価上昇率を持続可能な形で２％の目標まで戻すためには、委員会の任務に沿って、十分な期間、十分に制限的な金融政策であり続ける必要があるとしている（第1-1-65表）。

第1-1-65表　欧米の金融政策の動向

	FRB	ECB	BOE
政策金利	**・利上げ〜据置き**［22年3月〜］ FF金利（誘導目標範囲） : 0.00〜0.25% →0.25〜0.50%に引上げ［22年3月］ →0.75〜1.00%に引上げ［22年5月］ →1.50〜1.75%に引上げ［22年6月］ →2.25〜2.50%に引上げ［22年7月］ →3.00〜3.25%に引上げ［22年9月］ →3.75〜4.00%に引上げ［22年11月］ →4.25〜4.50%に引上げ［22年12月］ →4.50〜4.75%に引上げ［23年2月］ →4.75〜5.00%に引上げ［23年3月］ →5.00〜5.25%に引上げ［23年5月］ →5.00〜5.25%で据置き［23年6月］ →5.25〜5.50%に引上げ［23年7月］ →5.25〜5.50%で据置き［23年9月］ →5.25〜5.50%で据置き［23年11月］ →5.25〜5.50%で据置き［23年12月］ →5.25〜5.50%で据置き［24年1月］	**・利上げ〜据置き**［22年7月〜］ 主要リファイナンスオペ金利 : 0.00% →0.50%に引上げ［22年7月］ →1.25%に引上げ［22年9月］ →2.00%に引上げ［22年10月］ →2.50%に引上げ［22年12月］ →3.00%に引上げ［23年2月］ →3.50%に引上げ［23年3月］ →3.75%に引上げ［23年5月］ →4.00%に引上げ［23年6月］ →4.25%に引上げ［23年7月］ →4.50%に引上げ［23年9月］ →4.50%で据置き［23年10月］ →4.50%で据置き［23年12月］ →4.50%で据置き［24年1月］ 限界ファシリティ金利 : 0.25% →0.75%に引上げ［22年7月］ →1.50%に引上げ［22年9月］ →2.25%に引上げ［22年10月］ →2.75%に引上げ［22年12月］ →3.25%に引上げ［23年2月］ →3.75%に引上げ［23年3月］ →4.00%に引上げ［23年5月］ →4.25%に引上げ［23年6月］ →4.50%に引上げ［23年7月］ →4.75%に引上げ［23年9月］ →4.75%で据置き［23年10月］ →4.75%で据置き［23年12月］ →4.75%で据置き［24年1月］ 預金ファシリティ金利 : ▲0.50% →0.00%に引上げ［22年7月］ →0.75%に引上げ［22年9月］ →1.50%に引上げ［22年10月］ →2.00%に引上げ［22年12月］ →2.50%に引上げ［23年2月］ →3.00%に引上げ［23年3月］ →3.25%に引上げ［23年5月］ →3.50%に引上げ［23年6月］ →3.75%に引上げ［23年7月］ →4.00%に引上げ［23年9月］ →4.00%で据置き［23年10月］ →4.00%で据置き［23年12月］ →4.00%で据置き［24年1月］	**・利上げ〜据置き**［21年12月〜］ バンク・レート （準備預金付利金利） : 0.10% →0.25%に引上げ［21年12月］ →0.50%に引上げ［22年2月］ →0.75%に引上げ［22年3月］ →1.00%に引上げ［22年5月］ →1.25%に引上げ［22年6月］ →1.75%に引上げ［22年8月］ →2.25%に引上げ［22年9月］ →3.00%に引上げ［22年11月］ →3.50%に引上げ［22年12月］ →4.00%に引上げ［23年2月］ →4.25%に引上げ［23年3月］ →4.50%に引上げ［23年5月］ →5.00%に引上げ［23年6月］ →5.25%に引上げ［23年8月］ →5.25%で据置き［23年9月］ →5.25%で据置き［23年11月］ →5.25%で据置き［23年12月］ →5.25%で据置き［24年2月］

| 量的緩和の縮小、保有資産の削減 | ・**保有資産の削減**［22年６月〜］

米国債
：保有額を月300億ドルを上限に削減［22年６〜８月］
→保有額を月600億ドルを上限に削減［同９月〜］

MBS
：保有額を月175億ドルを上限に削減［22年６〜８月］
→保有額を月350億ドルを上限に削減［同９月〜］

※保有資産の削減は原則として再投資の調整により実施。 | ・**保有資産の削減**
　［23年３月〜］
資産購入プログラム（APP）
：償還された元本の再投資を一部停止［23年３〜６月］
→償還された元本の再投資を停止［同７月〜］

パンデミック緊急購入プログラム（PEPP）
：償還された元本の再投資を一部停止［24年７〜12月（予定）］
→償還された元本の再投資を停止［25年１月〜（予定）］ | ・**保有資産の削減**［22年２月〜］
英国債
：購入枠8,750億ポンド
→**満期を迎えた国債の再投資を中止**［22年２月］
→**購入枠での保有国債を800億ポンド削減し7,580億ポンドとする**［同11月〜23年９月］
→**購入枠での保有国債を1,000億ポンド削減し6,580億ポンドとする**［23年10月〜24年９月］

・長期国債を緊急的に買い入れ（累計193億ポンド）［22年９月28日〜10月14日］
→**緊急的に買い入れた国債の一部売却**［同11月29日〜］

社債
：購入枠200億ポンド
→**満期を迎えた社債の再投資を中止**［22年２月］
→**売却により保有資産を完全に解消**［23年末まで］ |

（備考）　1．FRB、ECB、BOEより作成。
　　　　　2．各括弧内は、当該金利水準等の適用が開始された、または利上げ等が実施された年月を示す。
　　　　　3．太字は金融緩和縮小または金融引締めに関連する事項。
　　　　　4．「量的緩和の縮小、保有資産の削減」については2022年以降継続中の主なものについて記載。

（長期金利は欧米ともに下落傾向で推移）

このような政策金利の引上げや保有資産の削減を受け、欧米長期金利は2022年初から上昇し始め、2022年10月には米、英長期金利は4％前後、ドイツ長期金利は2％台前半に達した（第1-1-66図（1））。2023年以降をみてみると（第1-1-66図（2））、3月にはアメリカにおける地方銀行の経営破綻及び欧州における大手金融機関の買収事案を受けて[59]、安全資産である国債に資金が流入し、欧米長期金利は急落した。しかし、5月以降、英国では物価指標の高止まりや堅調な雇用統計を受けてBOEの利上げ継続期待が高まる中、長期金利は大幅に上昇した。また、後段で詳述するが、2023年7月以降は、米長期金利が大幅に上昇し、10月半ばには2007年7月以来、約16年ぶりとなる5％台に一時到達した。なお、この間、欧州金利も米金利に連れて上昇し、ドイツ長期金利は2011年7月以来約12年ぶりに3％に迫った。

第1-1-66図　欧米主要国の長期金利の推移

（1）2021年以降　　　　　　　　　　（2）2023年以降

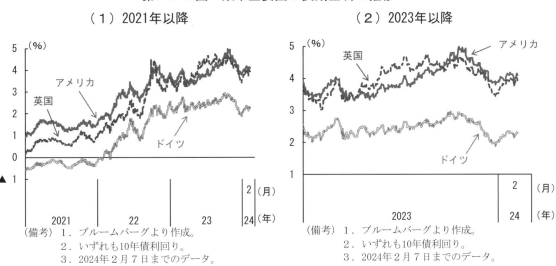

（備考）　1．ブルームバーグより作成。
　　　　　2．いずれも10年債利回り。
　　　　　3．2024年2月7日までのデータ。

（備考）　1．ブルームバーグより作成。
　　　　　2．いずれも10年債利回り。
　　　　　3．2024年2月7日までのデータ。

7月以降の米長期金利の上昇については、FOMCでも議論が行われており、10月31日から11月1日に開催されたFOMCの議事要旨において「様々な指標が、（2023年7月以降の）長期金利の上昇は、主にターム・プレミアムの上昇によってもたらされたことを示唆する」「米国債の将来的な供給増加が懸念されていることや、経済・政策見通しに関す

---

[59] アメリカでは、2023年3月に地方銀行であるシリコンバレー銀行（SVB）が経営破綻した。また、これを契機とした金融不安を受けて、同月にシグネチャー銀行（SBNY）が、同年5月にはファースト・リパブリック銀行（FRC）が経営破綻した。スイスでは、アメリカにおける地方銀行の経営破綻を受けて金融不安が高まる中、同年3月にはスイスの大手金融機関UBSが、同じくスイスの大手金融機関クレディ・スイスを買収すると発表した。詳しくは内閣府（2023b）を参照。

る不確実性が高まっていること等が、ターム・プレミアムの上昇に寄与している可能性が高いと、一般にFOMC参加者は見ている」との記述がみられた。ターム・プレミアムとは、短期債に代わり長期債を保有することにより上乗せされる金利[60]を指し、ターム・プレミアムの低下は長期債に対する需要の増加を、上昇は長期債に対する需要の減退を示唆する。本局面では、米国債市場の需給環境悪化懸念の高まり[61]や、アメリカ政府の借入能力そのものへの懸念の高まり[62]に加えて、金融引締めが続く中でも潜在成長率を超えるほど堅調なアメリカ経済指標が経済の不確実性として意識されたこと等が、ターム・プレミアムの上昇要因として考えられる[63]。実際、ニューヨーク連銀が推計する米10年債のターム・プレミアムは、2023年7月以降、10月にかけて大幅に上昇し（第1-1-67図）、同期間の米国債のイールドカーブは短期債ゾーンが小幅な上昇にとどまる一方、長期債ゾーンが大幅に上方にシフトした（第1-1-68図）。

第1-1-67図　米10年国債のターム・プレミアム　第1-1-68図　米国債のイールドカーブ

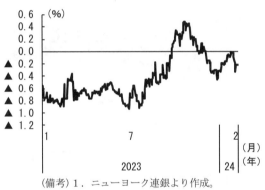

（備考）1．ニューヨーク連銀より作成。
　　　　2．2024年2月7日までのデータ。

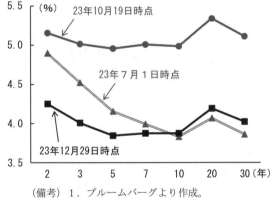

（備考）1．ブルームバーグより作成。
　　　　2．横軸は償還までの年限。
　　　　3．利回りは終値ベース。

---

[60] 一般に、長期債を保有する場合、同一期間の短期債を連続して購入した場合に比べて、価格の変動リスク等が高くなることから、保有期間のリスクに対して上乗せのプレミアムが要求される。

[61] 2023年8月2日にアメリカ財務省が公表した2023年8-10月期の国債発行計画では、2023年8月分の発行計画において、2、5、10年債の発行予定額が、金融市場の想定に近いとみられるアメリカ財務省借入諮問委員会（TBAC）の推奨よりも大きかった。また、発行計画と同時に発表される声明では「今後の数四半期に漸進的ながらも一段の発行規模増額が必要になる公算が大きい」との記述がみられた。

[62] アメリカ議会では、9月下旬に予算協議を巡って政府閉鎖リスクが高まった。つなぎ予算成立（当初11月中旬まで、その後、2度の延長を経て2024年3月まで）を受けて政府閉鎖は回避されているものの、本予算はいまだ成立しておらず、閉鎖リスクは残存している。また、2023年10月3日には下院議長が解任され、約3週間に及ぶアメリカ議会の機能停止期間を経て、10月25日に新議長が選出されるなど、アメリカ議会運営をめぐる一連の混乱が生じていた。

[63] なお、FRBのパウエル議長は、2023年10月に行われた講演において、FRBの保有資産の削減がターム・プレミアムの上昇要因となった可能性についても言及した。

2023年末にかけての欧米長期金利は、物価指標の鈍化等を受けて大幅に低下した。しかしながら、2024年初以降は欧米主要中央銀行の理事会メンバーから早期利下げ観測をけん制する旨の発言がなされたこと等を受け、欧米長期金利は反発し、その後は米英長期金利は４％前後、ドイツ長期金利は２％台前半で、おおむね横ばいで推移している。

第2節　中国の景気とバランスシート調整

　中国では、2023年初の感染症収束を受けて同年前半には各種経済指標の伸び率が高まり、景気には持ち直しの動きがみられてきたが、同年後半にはその動きに足踏みがみられた。こうした景気動向の背景には、不動産市場[64]の問題に起因する構造問題があるとみられる。このために、中国経済の先行きについては、短期的な景気の足踏みにとどまらず、中長期的な成長の停滞が懸念される。

　こうした問題意識を踏まえ、第1項では、中国の景気動向について、複数の経済指標で持ち直しの動きに足踏みがみられる背景に、不動産市場の停滞による継続的な下押しがあることを確認する。第2項では、不動産市場の停滞によるバランスシート調整や、地方政府、家計への影響を確認し、今後の構造的なリスクを展望する。

1．中国の景気動向

　本項では、2023年後半の中国の景気動向を概観し、不動産市場の停滞が継続的な下押しをもたらしている状況と、政策対応の動向を整理する。

（景気は持ち直しの動きに足踏み）

　中国では、2023年初に新型コロナウイルス感染症（以下「感染症」という。）の感染症分類が引き下げられ、感染症収束に伴い、鉱工業生産を始めとした各種経済指標の伸び率が高まった（第1-2-1図）。ただし、2022年は感染症の影響で経済活動が停滞していたため、2023年の経済指標は、前年比が実勢よりも高い値となることに留意が必要である。この影響を除くため、2021年の値と比べた2年前同月比（年率[65]）をみると、12月は＋4.0％と伸び率が低下している。

---

[64] 中国では、土地は国有であり売買ができないため、本稿では「不動産市場」は住宅・オフィスビル・商業用テナントを議論の対象としている。
[65] 1年当たりの伸び率に換算した値。

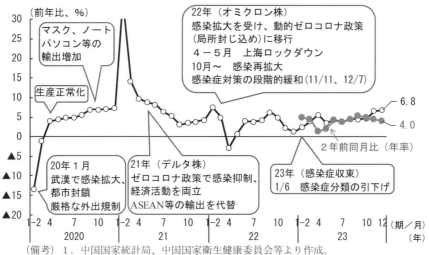

第1-2-1図　中国の感染症対策と鉱工業生産の推移

（前年比、%）

マスク、ノート
パソコン等の
輸出増加

生産正常化

22年（オミクロン株）
感染拡大を受け、動的ゼロコロナ政策
（局所封じ込め）に移行
4－5月　上海ロックダウン
10月～　感染再拡大
感染症対策の段階的緩和（11/11、12/7）

6.8

4.0

2年前同月比（年率）

20年1月
武漢で感染拡大、
都市封鎖
厳格な外出規制

21年（デルタ株）
ゼロコロナ政策で感染抑制、
経済活動を両立
ASEAN等の輸出を代替

23年（感染症収束）
1/6　感染症分類の引下げ

1-2　4　　　1-2　4　7　10　1-2　4　7　10　1-2　4　7　10 12（期／月）
2020　　　　　　　21　　　　　　22　　　　　　23　　　　　　（年）

（備考）1．中国国家統計局、中国国家衛生健康委員会等より作成。
　　　　2．ゼロコロナ政策は感染者数ゼロを目指した広域での厳格な防疫措置、
　　　　　動的ゼロコロナ政策は一定の感染者数は許容しつつ地域を区切り局所的な
　　　　　封じ込めを行う防疫措置を指す（詳細は内閣府（2023b）を参照）。
　　　　3．鉱工業生産は、付加価値額の前年同月比（実質）。

　2023年10－12月期の実質GDP成長率は、前年同期比＋5.2%と前期（7－9月期＋4.9%）
から高まったものの、前期比年率では＋4.1%と、前期（同＋6.1%）から減速した（第
1-2-2図）。2022年の感染症拡大の影響を除く2年前同期比（年率）でも＋4.0%（7－9
月期＋4.4%）と、減速が確認される。2023年通年では＋5.2%と、同年の成長率目標「＋
5.0%前後」を上回ったものの、2年前比（年率）では＋4.1%にとどまり、依然として
潜在成長率[66]を下回る状況が続いている。

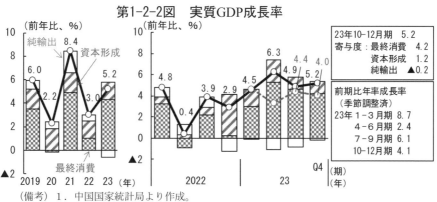

第1-2-2図　実質GDP成長率

（前年比、%）

純輸出

資本形成

8.4

6.0

2.2

3.0

5.2

最終消費

2019　20　21　22　23（年）

（前年比、%）

4.8

0.4

3.9

2.9

4.5

6.3

4.9

4.4

5.2

4.0

2022　　　　　23　　　Q4（期）
　　　　　　　　　　　　　　（年）

23年10-12月期	5.2
寄与度：最終消費	4.2
資本形成	1.2
純輸出	▲0.2

前期比年率成長率
（季節調整済）
23年1－3月期 8.7
4－6月期 2.4
7－9月期 6.1
10－12月期 4.1

（備考）1．中国国家統計局より作成。
　　　　2．2年前同期比（2022年の感染症拡大の影響を除くための値（年率換算））、
　　　　　前期比年率成長率は内閣府試算。

[66] 中国社会科学院（2023）は、2023年の潜在成長率を＋5.2%と推計している。

こうした減速の背景には、不動産市場の停滞（後述）と、輸出の弱含みがある。輸出金額は、2023年5月以降は前年同月比でマイナスが続いた。同年12月には＋2.3％となったものの、前年同月に感染症拡大の影響で経済活動が停滞していたことの影響も大きく、2年前同月比（年率）では▲5.5％にとどまった（第1-2-3図）。企業の景況感（PMI）をみると、製造業は、2023年4月以降は基準値の50未満でおおむね推移している（第1-2-4図）。非製造業[67]の景況感については、2023年初のゼロコロナ政策撤廃後に高水準となったものの、同年半ば以降は追加的な好材料が乏しい中でサービス業を中心に低下が続き、50をわずかに上回る値で推移している。

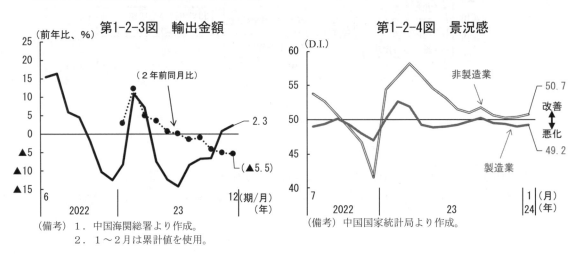

第1-2-3図　輸出金額

（備考）　1．中国海関総署より作成。
　　　　　2．1〜2月は累計値を使用。

第1-2-4図　景況感

（備考）　中国国家統計局より作成。

_____

[67] サービス業及び建設業。

各地の消費促進策（補助金等）[68]を受けて2023年秋以降に自動車販売が活発化する中で、小売総額は、2023年後半は前年同月比が上昇傾向となり、同年12月には＋7.4％となった（第1-2-5図）。ただし前年の感染症拡大の影響を除く２年前同月比（年率）では＋2.7％にとどまっている。

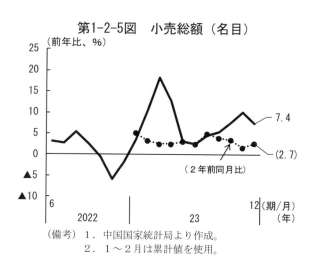

第1-2-5図　小売総額（名目）

（備考）　１．中国国家統計局より作成。
　　　　　２．１～２月は累計値を使用。

消費者物価（総合）をみると、2023年半ばからはエネルギー価格の下落に加え、豚肉価格の循環的変動（いわゆる「ピッグ・サイクル」（Box参照））によるマイナス寄与が拡大しており、さらに秋以降は消費促進策を受けた自動車の値下げ販売という特殊要因が重なる中で、2024年1月には前年同月比▲0.8％となった（第1-2-6図）。こうした特殊要因（食品、交通・通信）の寄与は▲1.4％ポイントであり、これらと住居費（＋0.1％ポイント）を除く「その他財・サービス」の寄与は＋0.5％ポイントとなっている。このように、消費者物価は特殊要因により下落しているが、基調部分のプラス幅も大きいとは言えず、消費者の需要が供給に比べ相対的に弱いことも、2023年以降の弱い動きには反映されているとみられる。

第1-2-6図　消費者物価上昇率

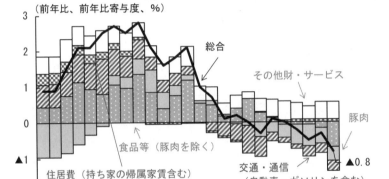

（備考）　1．中国国家統計局より作成。
　　　　　2．豚肉以外の寄与度は内閣府試算。

Box. 中国における豚肉価格の循環的変動（いわゆる「ピッグ・サイクル」）

　中国では、小規模な養豚業者が豚肉の供給を担う比率が高く[69]、価格上昇時の子豚の増産、価格下落時の廃業等の調整が一斉に行われるため、豚肉価格の値動きが大きく、価格変動を受けた需給の調整に期間を要する。結果として、供給過剰による価格下落、減産による価格上昇が繰り返され、振れが大きいことから消費者物価への影響も大きい。こうした動向は「ピッグ・サイクル」と呼称されるが、2018〜19年のアフリカ豚コレラの流行、2020年以降の感染症拡大期の流通の目詰まりによる食品価格上昇を受けて、豚肉の安定供給が政策方針として重視される中、2023年後半は供給の増加による豚肉価格の下落がみられる（図１）。

　2019年以降の消費者物価と豚肉価格の前年比の対応関係について、近似曲線を当てはめると、説明変数（豚肉価格前年比）の係数は0.024となり、豚肉価格が前年比１％上昇（下落）すると、消費者物価を前年比0.024％ポイント押し上げ（下げ）る傾向があることを示している[70]（図２）。

図１　消費者物価における豚肉価格の変動

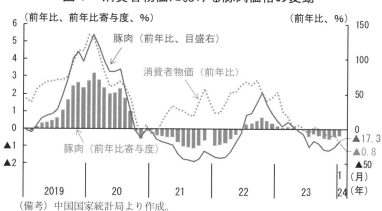

（備考）中国国家統計局より作成。

---

[69] 中国の養豚場は、小規模農家による分散型養豚場（年間出荷頭数が数頭〜数十頭）と、企業経営型の養豚場（同500頭以上）に大別される。経営規模別の明確なデータはないものの、養豚は従来、農業の副業に位置付けられてきたが、2000年代後半以降は消費量の継続的な増加や冷凍配送チェーン構築の必要性等を受けて大規模化が図られ、企業経営型のシェアが拡大しているとされる（阿拉坦沙他（2023））。

[70] 中国国家統計局は、消費者物価における豚肉価格のウェイトを公表していないが、公表される豚肉価格の前年比と寄与度から逆算されるウェイトは、2023年平均は0.0153（１万分の153）である。ウェイトより近似曲線の係数の方が大きいことから、豚肉価格の上昇に伴う他の食品価格等の上昇の影響も含まれていると考えられる。

図2　消費者物価前年比と豚肉価格前年比（2019年1月〜24年1月）

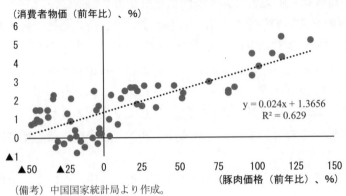

（備考）中国国家統計局より作成。

（不動産市場は停滞が続く）

　2021年9月以来、中国では恒大集団等の主要不動産企業の資金繰りの悪化による信用不安が表面化したが[71]、2023年半ば以降もこうした信用不安は続いている（第1-2-7表）。これを受けて、不動産市場の停滞は継続しており、不動産開発投資は2023年の前年比は▲9.6％となり、固定資産投資（全体）は同＋3.0％にとどまった（第1-2-8図）。住宅価格は、ほぼ全ての都市において下落が続いている（第1-2-9図）。

第1-2-7表　不動産企業の信用不安（2023年8月以降）

企業名	負債総額	最近の動向
ヘンダー 恒大集団 (Evergrande)	2.39兆元 （約48兆円）	（23年8月17日）米連邦破産法15条（外国企業の資産保全）の適用申請、債務再編交渉を継続。 （9月15日）傘下の保険会社の全資産・負債を新設の国有保険会社に移管することを決定。 （10月31日、12月4日）香港高裁が清算申立に関する審理を延期。 （24年1月29日）香港高裁が「実行可能な再建計画が示されない」として恒大集団に清算を命令。ただし大部分の資産は中国本土にあるため、手続は難航する見込み。
ビーグイユエン 碧桂園 (Country Garden)	1.36兆元 （約27兆円）	（23年9月19日報道）人民元建て債の償還延長（3年）につき債権者と合意。 （10月10日）オフショア支払義務を期限・猶予期間内に全ては履行できない可能性があると表明。 （10月26日）ドル建て債利払いの不履行（デフォルト）について、クレジット・デリバティブ決定委員会が認定。 （11月8日報道）広東省政府が平安保険集団に、碧桂園の支配株主となり資産査定や資金繰り支援を行うよう要請。 （11月30日報道）中国工商銀行（商業銀行最大手）が近日中にディベロッパーとの座談会を開催し、碧桂園も招へいされるとの報道。
ロンチュアン 融創 (Sunac)	1.00兆元 （約20兆円）	（23年9月19日）米連邦破産法15条（外国企業の資産保全）の適用申請、債務再編交渉を継続。 （10月5日）オフショア債務再編案について香港の裁判所が承認。 （11月20日）オフショア債務再編が同日付で発効。

（備考）1．各企業発表、各種報道より作成。
　　　　2．負債総額は2023年6月末時点。1元＝約20円。

---

[71] 内閣府（2023a）参照。

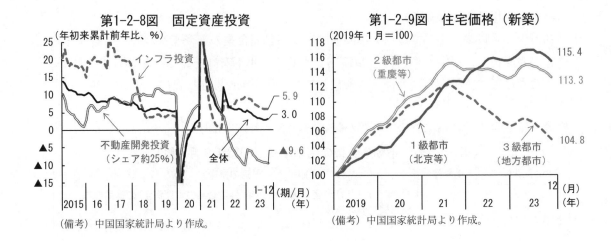

第1-2-8図　固定資産投資

（年初来累計前年比、％）
25
20
15
10
5
0
▲5
▲10
▲15
インフラ投資
5.9
3.0
▲9.6
不動産開発投資
（シェア約25％）
全体
2015
16
17
18
19
20
21
22
23
1-12
（期/月）
（年）

（備考）中国国家統計局より作成。

第1-2-9図　住宅価格（新築）

（2019年１月＝100）
118
116
114
112
110
108
106
104
102
100
２級都市
（重慶等）
115.4
113.3
104.8
１級都市
（北京等）
３級都市
（地方都市）
2019
20
21
22
23
12
（月）
（年）

（備考）中国国家統計局より作成。

中国政府は、住宅需要の喚起や地方銀行等の金融面のリスク等への対応のため、2023年7～9月に各種の支援策を導入した（第1-2-10表）。このうち、住宅ローン金利等（頭金比率を含む）優遇要件の緩和については、従来都市部を中心に住宅需要の過熱を抑制するために用いられてきた規制を緩和するものであり、大きな方針転換となる。また、都市部の戸籍取得要件の緩和[72]は、都市化（都市部人口比率の上昇）ペースが頭打ち傾向となり、都市部の住宅需給に緩みがみられていることから、都市化のペースを再度引き上げ、住宅需要の再喚起を図るものとなっている[73]（第1-2-11図、第1-2-12図）。

第1-2-10表　住宅需要の喚起等に向けた各種支援策（2023年7～9月）

○政策金利の引下げ（8/15、21、9/15）
・中期貸出ファシリティ（MLF）1年物を0.15%ポイント引下げ（2.50%）。
・最優遇貸出金利（LPR）1年物を0.10%ポイント引下げ（3.45%）。
・預金準備率を0.25%ポイント引下げ（大手金融機関向けは10.50%）。
○住宅ローン金利等優遇要件の緩和（7/27）
・本人名義の保有住宅がなければ、1軒目購入時の住宅ローン金利・頭金比率等の優遇を
　2軒目以降にも適用。
○都市部の戸籍取得要件の緩和（8/3）
・出稼ぎ農民工の家族呼び寄せによる住宅需要の喚起、公営住宅整備の推進等。
○地方政府による地方銀行への資本注入（8/20）
・資本注入のための地方特別債の発行額増加（1～7月は2022年通年の2.3倍）。
○地方政府が地方融資平台の支援について検討（8/11報道）
（例）西安市は地方融資平台の資金繰り支援のための基金を設立。

（備考）　1．政府発表及び各種報道より作成。
　　　　　2．MLF（Mid-term Lending Facility）は、中央銀行から金融機関への資金供給手段の1つ。
　　　　　3．LPR（Loan Prime Rate）は、中央銀行が選定した20の銀行から報告された貸出金利の加重平均値。

[72] 中国では、戸籍登記条例（1958年）に基づき、都市部出身者には都市戸籍、農村部出身者には農村戸籍が付与され、都市部への過剰な人口流入を防ぐため、農村戸籍保有者の都市戸籍への転籍には厳しい要件が設定されている。都市戸籍を有さない者は、医療、年金、子の教育等において受けられるサービスに制約があるため、農村出身の都市部労働者（いわゆる「農民工」）は単身の出稼ぎ状態となることが多く、都市部における定住のための住宅購入が進まない状況が続いてきた。
[73] 2023年は、都市部の戸籍取得要件の緩和を受けて、都市化率の上昇幅が拡大した（2018年61.5%、19年62.7%、20年63.9%、21年64.7%、22年65.2%、23年66.2%）。

第1-2-11図　都市化率

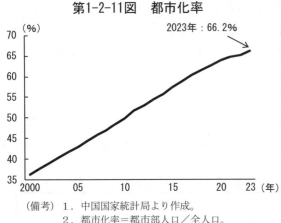

(備考)　1．中国国家統計局より作成。
　　　　2．都市化率＝都市部人口／全人口。

第1-2-12図　不動産在庫面積（新築）

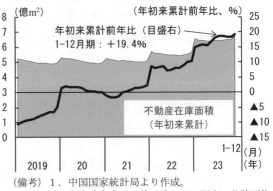

(備考)　1．中国国家統計局より作成。
　　　　2．調査時点までに竣工済みで、販売・分譲可能
　　　　　ながら未成約の住宅・オフィスビル・商業用
　　　　　テナントを対象とし、土地を含まない。

　2023年７～９月に各種の支援策が打ち出されたことを受けて、住宅取引件数[74]は、同年
９～10月には底打ちの兆しがみられた[75]（第1-2-13図）。しかしながら、同年10月に不動
産企業最大手の碧桂園にドル建て債のデフォルトが発生するなど、不動産企業の信用不
安が継続する中、住宅取引件数は同年11月以降再び低下傾向となった。2024年１月半ば
では、2021年初比で35％超の減少となっている[76]。

第1-2-13図　30大都市住宅取引件数（新築）

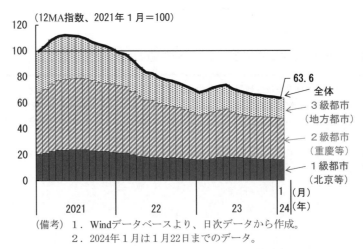

(備考)　1．Windデータベースより、日次データから作成。
　　　　2．2024年１月は１月22日までのデータ。

---

[74] 季節性を除去するため、12か月（365日）後方移動平均値としている。
[75] 単月の前年同月比では、８月▲35.1％、９月▲22.4％、10月▲3.3％、11月▲19.4％、12月▲6.1％。
[76] １級都市は▲21.9％、２級都市は▲32.7％、３級都市は▲51.0％と、特に地方都市において減少幅が大きい。

（大規模な景気対策や政策方針が示される）

　不動産市場の停滞が続き、景気の持ち直しに足踏みがみられる中で、中国政府は2023年10月末に自然災害対策を打ち出した（第1-2-14表）。2023年10－12月期に1兆元（約20兆円）の国債を追加発行し、同年中に5,000億元（約10兆円）を使用、残る5,000億元は2024年に使用することとしている。これらが主にインフラ投資として執行されれば、2023年及び2024年の成長率を押し上げることが見込まれる[77]。通年の名目GDPは約120兆元であるところ、単純計算では、2023年及び2024年のGDPをそれぞれ0.4%程度押し上げるものと試算される。ただし、実際の執行状況や工事の進捗に応じ、大部分の経済効果は2024年に発現するとみられる。

第1-2-14表　自然災害対策（2023年10月24日発表）

> ➢　災害後の再建と防災・減災能力向上のため、2023年10－12月期に1兆元（約20兆円）の国債を追加発行し、全て地方への移転支出とする。
> ➢　2023年中に5,000億元（約10兆円）を使用、残る5,000億元は2024年に使用。
> ➢　2023年の財政赤字は3.88兆元（対GDP比3.0%）から4.88兆元（同3.8%）となる。
>
> （資金の使途：重点8分野）
> （1）災害後の再建
> （2）重点洪水防止プロジェクト
> （3）自然災害への応急能力の向上
> （4）その他の重点水害防止プロジェクト
> （5）かんがい・表土流失への対応
> （6）都市排水能力の向上
> （7）自然災害の総合防止体系の構築
> （8）高標準農地の建設

（備考）中国財政部より作成。

---

[77] IMF（2024）及びOECD（2023）は、当該対策による追加的なインフラ投資を材料として、経済見通しの上方改定を行った。

また、2023年12月11〜12日に開催された中央経済工作会議においては、2023年を「感染症収束後の段階的な経済回復の１年」と位置付け、厳しい現状認識を示しつつ[78]、2024年の経済政策の基本方針が示された[79]（第1-2-15表）。2024年は、マクロ政策のカウンターシクリカル（逆周期）調節、年をまたいだ（跨周期）調節を強化するとし、景気調節を重視する方針が示されており、内需拡大のための消費・投資の好循環を形成すること等が打ち出されている。また、不動産リスクは「積極的かつ穏当に」解消するとされた。

第1-2-15表　2024年の経済政策の方針（2023年12月12日発表）のポイント

2024年は、マクロ政策のカウンターシクリカル（逆周期）調節、年をまたいだ（跨周期）調節[(注)]を強化する。 ＜重点項目＞ （1）科学技術イノベーションによる現代的産業体系の推進 （2）内需拡大への注力 　　　消費・投資が相互に促進する好循環を形成する。デジタル・グリーン・健康分野の「新型消費」を育て、それ以外の消費である「伝統消費」を拡大させ、新エネ車や電子産品等の（単価の高い）「大型消費」を振興する。 （3）重点分野の改革の深化 （4）高水準の対外開放の拡大 　　　貿易の新たな原動力を育て、外資を安定させ、中間品貿易、サービス貿易、デジタル貿易、越境Ｅコマースを開拓する。電気通信、医療等サービス業の市場参入を開放し、データの越境流通や政府調達の平等参入等の問題を解決し、（対内直接投資を喚起する）「投資中国」ブランドを打ち立てる。 （5）重点分野のリスクの防止・解消 　　　不動産、地方債務、中小金融機関のリスクを総合的かつ計画的に解消する。システミックリスクを発生させない最低ラインを堅持する。不動産リスクは「積極的かつ穏当に」解消する。 （6）農村問題対応の継続 （7）地域協調発展の推進 （8）グリーン発展の推進 （9）人民生活の保障・改善

（備考）新華社より作成。
（注）2023年10月24日に発表された１兆元（約20兆円）の自然災害対策（半分を23年10−12月に、残りを24年に執行）は、その一環とみられる。

---

[78] 更なる経済回復には、有効需要不足、一部業種の過剰生産能力、社会の期待の弱気化、潜在リスクの多さ、国内産業循環の目詰まり、外部環境の厳しさの高まり等の困難を克服する必要があることが指摘されている。
[79] 新体制（中国共産党第20期中央委員）における中長期の経済政策方針を示す三中全会（中国共産党第20期中央委員第三回全体会議）については、開催日程が示されていない（2024年２月現在）。通常は、三中全会において新体制としての中長期方針を示した上での翌年方針となるところ、現状ではあらかじめ中長期方針を示すこと以上に、不動産市場への短期的な対応が優先されている可能性がある。

2024年３月に開催される全国人民代表大会（全人代）では、新たな政府活動報告において、同年の成長率目標とともに、より具体的な経済政策方針が示されることとなる見込みである。次項で詳述するように、不動産市場の停滞という構造問題が継続する中で、一過性の景気浮揚策のみならず、過剰投資による住宅の供給過剰、人口減少・都市化の減速による需要不足、債務問題等の解決に有効な構造政策が打ち出されるかが注目されている。

（まとめ：中国の不動産市場の停滞は構造的に景気を下押し）

　本項では、2023年後半の中国の景気動向と政策対応を概観した。中国では、景気は持ち直しの動きに足踏みがみられており、不動産市場の停滞が継続的な下押し要因となっている。不動産市場支援策やインフラ投資の促進策を始めとした政策対応が打ち出されているものの、2023年末時点で、不動産市場の停滞は続いており、景気の十分な改善には至っていない。政策効果の発現には一定の時間を要するものの、中国経済においては、景気循環への対応を超えた構造問題への取組が課題となっている。こうした構造問題については次項で具体的にみていきたい。また、先行きについては、2024年は、インフラ投資を始めとした政策効果が徐々に発現する中で、持ち直しに向かうことが期待される。他方で、潜在成長率については、2024年は5.0％前後と、2023年から0.2％ポイント程度低下するとの予測が中国社会科学院から示されるなど、緩やかな減速が見込まれている。不動産市場の停滞等、構造的な課題への政策面での実効性のある取組[80]が進まなければ、短期的な景気の足踏みにとどまらず、中長期的な成長の停滞が懸念される。

---

[80] 本節２項まとめ参照。

２．バランスシート調整とその波及

　本項では、第１項で確認した低成長が続く背景として、不動産市場の停滞が一過性の景気要因によるものではなく、不動産企業の「バランスシート調整」を伴う構造問題であることを議論する。次に、不動産市場の停滞が、地方政府、地方融資平台、金融機関に及ぼしている影響を確認する。最後に、家計への影響を確認した上で、今後のリスクと、こうした構造問題への取組に資すると考えられる政策措置を展望する。

（不動産企業はバランスシート調整が進展）

　中国の不動産企業[81]の経済環境は、2020年に転換点を迎えた。不動産関連貸出（対名目GDP比）は、不動産企業向け融資規制[82]が導入された2020年にピーク（48.9％）となった後低下し、2023年９月時点では41.8％となった（第1-2-16図）。日本においても、バブル期に不動産融資総量規制等が導入された時期に同比率が頭打ちとなっており、こうした日本の動きと類似している[83]。なお、中国の不動産関連貸出比率は、約３年間低下が続いた2023年９月時点でも、1990年代の日本を大幅に上回る水準となっている。こうした中国における不動産関連貸出の規模の大きさは、不動産への過剰投資の傾向、また調整局面が長期化する可能性を示唆している。

---

[81] 2021年の名目GDPに占める不動産業のシェアは6.7％、鉱工業は32.6％（中国国家統計局（2023a））。Rogoff and Yang (2021)は、産業連関表を用いた分析により、中国の不動産関連の経済活動（建設、部品、付加価値）をGDPの28.7％（2016年時点）と推計している。

[82] いわゆる「３つのレッドライン」：不動産企業の(1)総資産に対する負債の比率が70％超、(2)自己資本に対する純負債の比率が100％超、(3)現預金に対する短期負債の比率が100％超、のいずれかに該当する場合、借入規制を適用。

[83] 同比率が低下に転じたことをもっていわゆる「バブル崩壊」を意味するものではない。ただし、一般に不動産企業向け融資規制の導入は、不動産企業の資金繰りを悪化させることとなり、バブル期にみられる住宅価格の上昇を前提としたビジネスモデル（高回転の借入・投資・販売）を困難にする。一部不動産企業において信用不安が発生する場合には、消費者の住宅需要を低下させ、住宅価格のピークアウトが発生し得る。中国では、恒大集団の信用不安が表面化した2021年後半に、地方都市を中心に住宅価格のピークアウトがみられている（前掲第1-2-9図）。

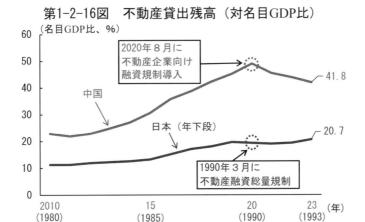

第1-2-16図　不動産貸出残高（対名目GDP比）

（名目GDP比、%）

2020年8月に
不動産企業向け
融資規制導入

中国

日本（年下段）

1990年3月に
不動産融資総量規制

41.8

20.7

2010
(1980)

15
(1985)

20
(1990)

23
(1993)

(年)

（備考）1．中国は中国国家統計局、中国人民銀行より作成。
　　　　　　不動産貸出残高は、不動産開発及び住宅ローン向けの貸出残高（年末値）。
　　　　　　2023年は9月時点の値（年率化）。
　　　　2．日本は内閣府「国民経済計算」、日本銀行「貸出先別貸出金」より作成。
　　　　　　不動産貸出残高は、不動産業及び住宅ローン向けの貸出残高（年末値）。

　住宅価格は、2020年に不動産融資規制が導入された後、2021年には地方都市を中心に
ピークアウトがみられ（前掲第1-2-9図）、2022年には不動産企業の総資産・総負債の減
少がみられた（第1-2-17図）。不動産企業は、資金繰りが悪化し、借入の返済等を優先す
る必要がある中で、新規の不動産開発投資は顕著に減少しており、2022年には前年比▲
10.0%、2023年は同▲9.6%と大幅な減少が続いている。こうした資産の減少・資金繰り
のひっ迫を受けて、企業が負債の圧縮を優先し、投資等の前向きな経済活動を抑制する
状況を「バランスシート調整[84]」と呼称すると、中国の不動産セクターでは、2021年以降
にこうした調整が始まった可能性がある。

第1-2-17図　不動産企業のバランスシート調整

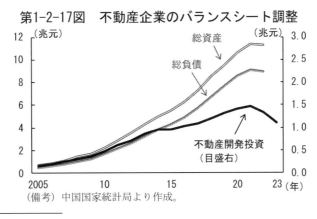

（兆元）　　　　　　　　　　　　　（兆元）

総資産

総負債

不動産開発投資
（目盛右）

2005

10

15

20

23（年）

（備考）中国国家統計局より作成。

[84] 経済企画庁（1994）は、バブルの後遺症的影響としてバランスシート調整問題を挙げ、以下のように指摘している：
バブル生成の過程で、リスク許容力の高まった企業は、資産・負債を両建てで増加させた。その後、バブルが崩壊して
資産価格が低下すると、（中略）資産は瞬時に減少するが、負債はそのまま残ることとなり、必然的に企業のバランス
シートは悪化し、金融機関にとっての不良債権が増加することになる。こうして悪化したバランスシートを調整する
過程では、経済全体のリスク許容力が低下し、バブル期とは逆に、投資が抑制される可能性がある。

Box. マクロの資産負債表からも際立つ過剰投資の構造

　中国全体（内訳として家計、非金融企業、金融、政府）のバランスシートについて、直近2019年末時点の値をみると、総資産は1,695兆元（約3.4京円（うち非金融資産1.3京円、金融資産2.1京円））となっている[85]（表１）。日本のいわゆるバブル経済期の1989年末時点の値と比べると、総資産は4.4倍（うち非金融資産（主に固定資産）4.1倍、金融資産4.6倍）である。日本の2022年の値と比べると、総資産は2.7倍（うち非金融資産3.7倍、金融資産2.3倍）と、相対的に非金融資産の規模が大きくなっている。非金融資産／総資産比率は、2019年末時点で39.0％と、日本の2022年の値（28.3％）よりも高く、日本の1989年末時点（41.0％）と同程度となっている。日本のバブル期に匹敵する総資産対比での非金融資産比率は、不動産やインフラ等に対する過剰投資の可能性を示唆している。

　また、有利子負債の対名目GDP比率[86]は、2019年末時点では国全体[87]で247％（家計56％、非金融企業152％、政府39％）であったが、直近の2023年９月末時点では国全体で287％（家計64％、非金融企業169％、政府54％）まで上昇した（図２）。2020年から約３年にわたった感染症の影響、また2022年から不動産市場の停滞が続く中で、非金融企業と政府部門の有利子負債の増加が目立っている。今後、金融機関も含めた各経済主体が負債の圧縮を進める調整局面となる場合には、経済成長に対する下押し圧力が継続することが懸念される。

表１　中国（国全体）のバランスシート（2019年末）

	（兆元）	（京円）	（参考）日本 （1989年末、京円）
総資産	1,695	3.39	0.77
非金融資産	662	1.32	0.32
金融資産	1,033	2.07	0.45
総負債	1,033	2.07	0.45
正味資産	662	1.32	0.32
（非金融資産／総資産比率）	39.0%		41.0%
（総負債／総資産比率）	61.0%		58.4%

（備考）国家金融発展実験室より作成。１元＝20円で換算。

---

[85] 政府系シンクタンク（国家金融発展実験室）が公式統計を元に発表している値であり、隠れ債務に関する推計値等は含まれていない。
[86] 張他（2023）は「マクロレバレッジ比率」と呼称。
[87] 金融部門を除く。

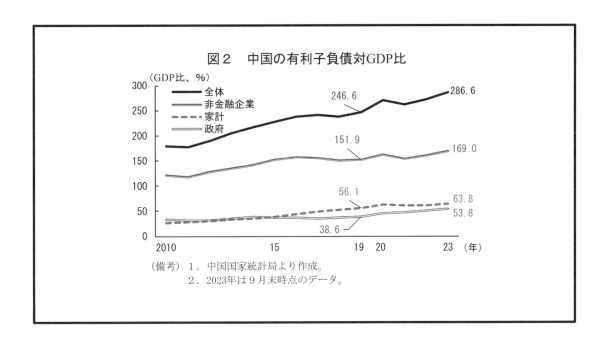

図2　中国の有利子負債対GDP比

（GDP比、％）

- 全体
- 非金融企業
- 家計
- 政府

246.6　　　286.6

151.9　　　169.0

56.1　　　63.8

38.6　　　53.8

（備考）　1．中国国家統計局より作成。
　　　　　2．2023年は9月末時点のデータ。

（不動産市場の停滞により地方政府の財政状況が悪化）

　不動産市場の停滞は、土地使用権譲渡収入の減少を通じて、地方政府の財政収入を下押ししている。2023年の土地使用権譲渡収入は前年比▲13.2％と、前年に続き2桁の減少となっている（第1-2-18図）。

第1-2-18図　土地使用権譲渡収入の減少

（前年比、前年同期比、％）

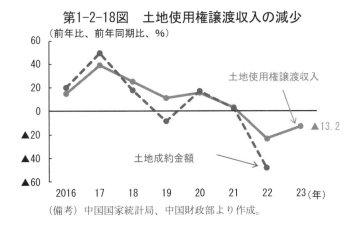

土地使用権譲渡収入

▲13.2

土地成約金額

（備考）中国国家統計局、中国財政部より作成。

中国では、地方政府の財政収入に占める土地使用権譲渡収入のシェアが高い。北京や上海といった大都市は3割程度であるが、その周辺の都市開発の盛んな地方では更に同シェアが高い傾向がある。地価の低い地方では同シェアは相対的に低いが、同シェアが10%以下の地方は31省・直轄都市・自治区のうち7つにとどまる（第1-2-19表）。土地使用権譲渡収入の大幅な減少が続くと、財政基盤の弱い地方では、経常経費も十分に賄えないこととなり得る[88]。加えて、新規の都市開発を始めとした景気浮揚策を実施する余力が不足することとなるため、マクロ経済にも影響が生じ得る。

第1-2-19表　地方政府の財政収入と土地使用権譲渡収入（2021年）

		財政収入（億元）	土地使用権譲渡収入（億元）	（シェア、%）			財政収入（億元）	土地使用権譲渡収入（億元）	（シェア、%）
1	浙江省	14,578	10,372	71.1	16	陝西省	7,697	1,913	24.9
2	江蘇省	18,089	12,789	70.7	17	河南省	12,130	2,970	24.5
3	山東省	13,322	7,137	53.6	18	広西チワン族自治区	6,755	1,577	23.3
4	福建省	6,990	3,193	45.7	19	河北省	11,050	2,454	22.2
5	湖南省	10,230	3,605	35.2	20	吉林省	5,103	844	16.5
6	安徽省	9,251	3,243	35.1	21	山西省	6,367	825	13.0
7	上海市	10,085	3,528	35.0	22	遼寧省	8,859	1,051	11.9
8	湖北省	10,569	3,445	32.6	23	海南省	2,665	305	11.4
9	重慶市	6,297	2,044	32.5	24	雲南省	8,068	907	11.2
10	広東省	24,247	7,861	32.4	25	甘粛省	4,737	445	9.4
11	四川省	13,712	4,441	32.4	26	新疆ウイグル自治区	6,615	500	7.6
12	天津市	3,475	1,087	31.3	27	青海省	2,530	171	6.8
13	江西省	8,693	2,674	30.8	28	寧夏回族自治区	1,924	128	6.7
14	北京市	8,387	2,542	30.3	29	内モンゴル自治区	7,208	420	5.8
15	貴州省	7,296	2,107	28.9	30	黒竜江省	6,675	304	4.6
					31	チベット自治区	2,982	41	1.4

（備考）中国国家統計局、各地方政府発表、CEICデータベース、Windデータベース、粤開証券研究院より作成。

---

[88] 一部の地方政府では、職員への給与支払の遅延等が報じられている。

（不動産市場の停滞により地方融資平台は資金繰りが悪化）

　地方政府の土地使用権譲渡収入の急減の背景には、不動産市場の停滞の中、不動産企業に加え、地方融資平台（都市開発の資金調達のために地方政府が出資した特別目的会社）も資金繰りがひっ迫し、新規プロジェクトが停滞していることがある。地方融資平台は、債券[89]の発行や地方銀行からの融資を通じて資金調達を行っており、その返済には最終的には地方政府が責任を持つという「暗黙の保証」が機能してきた（第1-2-20図）。しかしながら、2020年以降は感染症拡大と不動産企業の信用不安が重なる中で新規プロジェクトが滞り、投融資の回収も滞っている。

第1-2-20図　不動産企業と地方融資平台

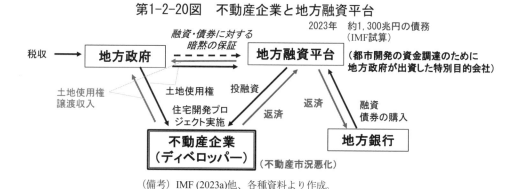

（備考）IMF (2023a)他、各種資料より作成。

　こうして資金繰りが悪化した地方融資平台の発行する債券金利は上昇傾向となり、相対的に低所得である地方においてその傾向が顕著となっている（第1-2-21図）。このように地方融資平台の資金調達コストが上昇し、収支構造が悪化したことから、新たな土地使用権に対する需要が低下しているとみられる。

第1-2-21図　地方融資平台の都市投資債券金利（2022年）

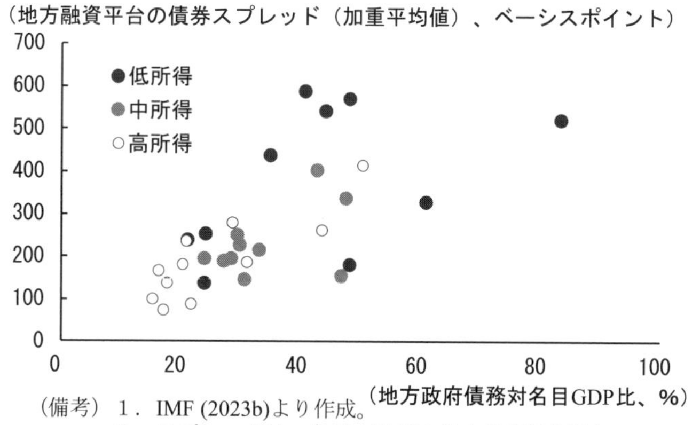

（地方融資平台の債券スプレッド（加重平均値）、ベーシスポイント）

（備考）　1．IMF (2023b)より作成。
　　　　　2．スプレッドは、各地方政府の地方債発行金利と
　　　　　　　地方融資平台の債券発行金利の差。

---

[89] 都市投資債券（中国語では「城投債」）と呼称される。

（地方政府や地方融資平台の抱えるリスクが金融機関にしわ寄せされる懸念）

　金融当局（中国人民銀行、金融監督管理総局、証券監督管理委員会）は、2023年11月に開催した「金融機関座談会」において、地方債務リスクを解消するため、金融機関は地方政府や地方融資平台と協力・協議し、融資や債券の借換えに応じるべきとの方針を示した（第1-2-22表）。

第1-2-22表　「金融機関座談会」（2023年11月17日）で示された方針

> ➢ （国有・民営を問わず）不動産企業の合理的な融資需要を満たし、正常に経営している不動産企業に対しては貸渋りや資金の引揚げを行わない。
> ➢ 不動産企業の借入、債券発行、株式ファイナンシングの確保を支援する。
> ➢ 不動産セクター内のM&Aを後押しするとともに、保障性（低価格）住宅の開発支援を強化し、不動産発展の新モデルの構築を推進する。
> ➢ 金融機関は地方政府と協力し、既存の債務を穏当に解消し、新規の債務を厳格にコントロールする。融資平台と平等に協議し、債務の返済期限延長・借換えを通じて、債務コストを合理的に低減させ、期間構造を改善し、地方債務リスクを解消する。

（備考）中国人民銀行より作成。

　結果として、地方政府や地方融資平台の抱えるリスクが金融機関にしわ寄せされ、特に地方の中小銀行において経営破綻や預金流出のリスクが高まる可能性がある。2023年12月の中央経済工作会議が示した「不動産、地方債務、中小金融機関のリスクを統一的に防止・解消する」との方針（前掲第1-2-15表）は、こうした状況を踏まえて打ち出されたものとみられるが、実効性のある具体策の発表・実施が待たれる。

（不良債権問題は公表値以上に悪化している可能性）

　不動産市場の停滞を受け、不良債権問題が懸念されている。民間非金融部門の債務残高は、2023年4－6月期時点で、対GDP比228%まで上昇した（第1-2-23図（1））。金融当局の発表によれば、2023年7－9月期の不良債権比率は1.6%と低位にとどまっているが、2019年時点の民間推計ではより高い値が示唆されている（第1-2-23図（2））。貸倒引当金比率（対融資残高）は2.9%と、不良債権比率を大幅に上回る水準で推移しており、銀行が公式統計の不良債権規模を上回るリスクに備えていることが示唆されている。

第1-2-23図　不良債権問題

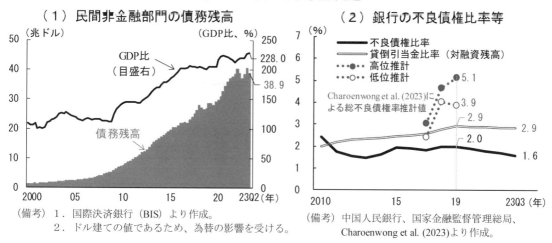

（1）民間非金融部門の債務残高

（2）銀行の不良債権比率等

（備考）1．国際決済銀行（BIS）より作成。
　　　　2．ドル建ての値であるため、為替の影響を受ける。

（備考）中国人民銀行、国家金融監督管理総局、
　　　　Charoenwong et al.（2023）より作成。

　さらに、2023年には、銀行の不良債権[90]を証券化した金融商品の販売が増加している[91]
（第1-2-24図）。この背景には、金融当局による銀行の不良債権に対する引当金比率の厳
格化に伴い、銀行が引当金の大幅な積増しを避けるために、不良債権をオフバランス化
する動きが活発になったことが考えられる。そして、このようにオフバランス化された
不良債権を組み合わせて証券化している可能性がある[92]。資本市場の発展とともに、リス
クが適切に分散された金融商品が増加することは望ましいこととも考えられるが、こう
した商品の増加が銀行にとっての不良債権の増加を反映したものか[93]、金融市場に過度
にリスクを移す状況となっていないかについて、引き続き注視する必要がある[94]。

---

[90]　中国の銀行は、金融当局のガイドラインに従い、債務者の返済能力に基づき下記５分類で債権管理を実施。(3)～(5)
が不良債権に該当。(1)正常：（元本・利息・証券化商品分配金等の）支払い遅延なし。(2)要注意（関注）：短期の支払
い遅延（７日以内の技術的要因等を除く）。(3)サブプライム（次級）：債務者が元利等を全額返済できない状況（90日
超の支払い遅延等）、または金融資産（銀行の保有する債権、証券化商品等）の減損が発生。(4)危険（可疑）：債務者
が元利等を全額返済できない状況が続く（270日超の支払い遅延等）とともに、金融資産が著しく減損。(5)更生破綻
（損失）：あらゆる措置を講じても、金融資産の回収が不可能、またはごくわずかしか回収できない（360日超の支払い
遅延等）。
[91]　中国では、資産担保証券（ABS）の中で、銀行の不良債権（住宅ローンやクレジットカード等関連）を裏付けとする
証券があり、不良債権処理策の一つとして2016年から実施されている。2023年の発行額は、前年比＋45.6％の466億元
（約9,320億円）と、2016年以降で最多となっている。内訳で最も多いのは住宅ローン関連（236億元）であり、前年の
2.5倍と急増している。
[92]　国家金融監督管理総局は、2023年２月に「商業銀行資本管理弁法」のパブリックコメントを開始し、同年11月に公
布（2024年１月施行）。同弁法は、貸倒引当金の最低要件を不良債権残高の100％相当以上とすることなどを規定。
[93]　銀行の不良債権規模（2023年９月末時点で3.2兆元）に占める比率は1.5％。
[94]　S&Pグローバル（中国）レーティングス（2023）は、証券化は中国の銀行が不良債権を処理するための常套手段とな
っており、銀行の帳簿上の不良債権を減らし休眠資産を活性化することに役立つが、こうした証券化商品は経済状況
が悪化した場合には回収率が低下するリスクがあると指摘している。

第1-2-24図　不良債権の証券化商品の発行額

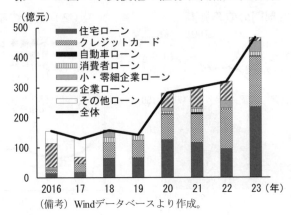

（備考）Windデータベースより作成。

Box.　企業部門の債務問題と収支構造

　企業部門全体では債務がどのような状況か、2010年代後半以降の動向をみていく。2015年の株価急落（いわゆる「チャイナ・ショック」）の後、過大な企業債務が問題視され、2017年から民間債務削減政策（いわゆる「デレバレッジ政策」）の推進が本格化した。主な取組としては、(1)企業の合併再編の推進、債務構成の改善、(2)銀行債権の株式化（デット・エクイティ・スワップ）、(3)銀行のオフバランス理財商品（シャドーバンキング）に対する規制強化が挙げられる[95][96]。これらを受けて、企業債務比率の上昇には歯止めが掛かったが、企業がバランスシート調整を優先することで、製造業投資の対名目GDP比は継続的な低下に転じた（図1）。さらに、デレバレッジ政策推進が本格化した後、米中貿易摩擦の高まり（2018年）、感染症拡大（2020年）、不動産市場の停滞（2022年以降）等の下押し要因が重なりマクロ経済環境が悪化する中で、企業は更にバランスシート調整を進める必要性に迫られているとみられる。しかしながら、2022年から、企業債務比率が改めて上昇傾向に転じている。

図1　企業債務と製造業投資

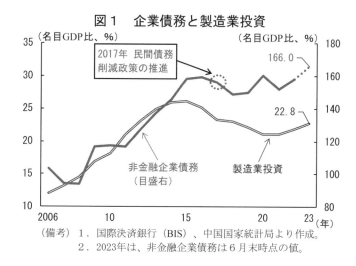

（備考）　1．国際決済銀行（BIS）、中国国家統計局より作成。
　　　　　2．2023年は、非金融企業債務は6月末時点の値。

　このように企業債務問題が続く背景として、企業の収支構造の変化が考えられる。2017年のデレバレッジ政策推進以降、2018年（米中貿易摩擦の高まり）から2020年（感染症拡大）までの間、鉱工業企業の営業収入は2017年を下回る10兆元台半ばとなった（図2

[95] 中国国務院（2016年10月）「企業のレバレッジ比率の積極的かつ安定的な引下げに関する意見」、中国銀行監督管理委員会（2017年4月）「銀行業のリスク防止・コントロールに関する指導意見」、中国人民銀行他（2018年4月）「金融機関の資産管理業務の規範化に関する指導意見」等。
[96] なお、住宅価格の値上がりを前提とした経営モデルの不動産企業は、その後も負債比率を高めながらの操業を続けたところ、2020年に厳格な融資規制「3つのレッドライン」が課されることとなり、感染症拡大の影響による住宅販売の減少と重なって、資金繰りの悪化が拡大することとなった。

（1））。この間、営業費用（逆符号）は約9兆元で横ばいとなったため、営業収支は1.8兆元程度で推移した。他方、営業外費用（特別損失[97]を含む）が徐々に拡大したため、利潤総額は緩やかな減少傾向となった（図2（2））。

　なお、2021年は、感染症の影響が国内では相対的に小さく、輸出も顕著に増加した時期であり、営業収入が増加に転じた。資源高で営業費用も増加したものの、営業収支、利潤総額は高い伸びとなった。

　しかしながら、2023年は、営業収入の減少と、営業外収支赤字の高止まりが続いたことで、利潤総額は前年比で大幅な減少（▲8.5%）、利益率（利潤総額／営業収入）は2017年以降で最も低い値となった（図2（3））。この背景としては、営業費用は前年比で減少していたことを踏まえれば、不動産市場の停滞の下での特別損失の拡大を含む営業外収支の赤字幅の拡大が考えられる。

　このため、2023年には感染症が収束し、資源価格が低下する下でも、企業利潤が減少しており、企業債務問題の解消を困難にするとともに、生産・投資活動の伸び悩みの要因となっているとみられる。

図2　鉱工業企業の収支構造

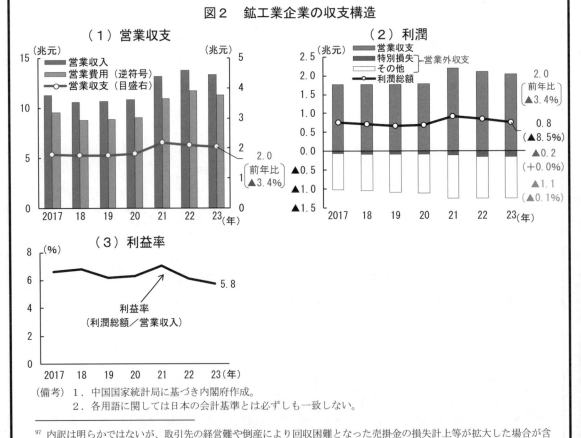

（1）営業収支

（2）利潤

（3）利益率

（備考）　1．中国国家統計局に基づき内閣府作成。
　　　　　2．各用語に関しては日本の会計基準とは必ずしも一致しない。

---

[97] 内訳は明らかではないが、取引先の経営難や倒産により回収困難となった売掛金の損失計上等が拡大した場合が含まれるとみられる。

（不動産市場の停滞は家計部門に波及）

　不動産市場の停滞は、家計部門にはどのように波及しているだろうか。その分析に先立ち、まず2020年以降の家計部門に対する感染症拡大の影響について確認する。

　家計部門における一人当たりの可処分所得と消費支出は、2020年1〜3月の感染症拡大以降、従来のトレンド（2018年1－3月期〜2019年10－12月期の平均伸び率）から下方に屈折しており、また可処分所得の減少以上に消費支出の減少が大きい傾向がみられる（第1-2-25図（1））。結果として、一人当たり貯蓄は、従来のトレンドを上回って推移した（いわゆる「超過貯蓄」）（第1-2-25図（2））。感染症の影響が相対的に小さかった2021年には、可処分所得、消費支出ともに持ち直してトレンドに近づき、貯蓄水準もトレンド近傍まで低下した。しかし2022年4〜6月の上海ロックダウンの時期以降には、再び所得・消費がトレンドより下方にかい離する傾向となった。

　感染症が収束した2023年1－3月期以降は、消費支出はトレンドを下回ったままの水準で、傾き（増加ペース）はトレンドと同程度となっている。可処分所得の傾きはトレンドを下回ったままであり、2023年10－12月期までかい離幅の拡大が続いている。結果として、2023年10－12月期の貯蓄水準はトレンドを下回り、いわゆる「超過貯蓄の取崩し」に相当する状況となっている。この取崩しは消費支出の増加ではなく、可処分所得の伸び鈍化によって生じている。

第1-2-25図　一人当たり所得・消費と貯蓄（名目）

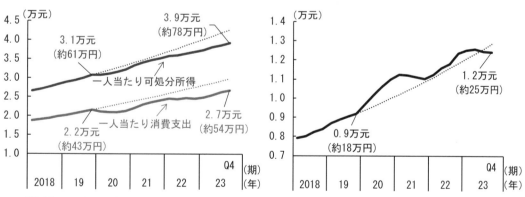

（1）一人当たり可処分所得・消費支出　　　　　（2）一人当たり貯蓄

（備考）　1．中国国家統計局より作成。
　　　　　2．四半期（年率）の後方4期移動平均。各項目の2020年Q1以降のトレンド線は、
　　　　　　　2018年Q1〜19年Q4の平均伸び率で延伸した水準。1元＝約20円。

続いて、このような可処分所得の伸びの鈍化と不動産市場の停滞の関係について確認する。2023年の一人当たり可処分所得は前年同期比＋6.3％であるが、所得分類ごとにみると、給与所得＋7.1％、経営所得（個人事業主の所得）＋6.0％、財産所得＋4.2％、移転所得＋5.4％であり、財産所得の伸び率が低いことが分かる。さらに、寄与度分解をすると、財産所得の寄与度は、2014～2021年には平均で＋0.82％ポイントであったが、2022年は＋0.43％ポイント、2023年は＋0.37％ポイントと低下が続いており、可処分所得全体の伸びを抑制する要因となっている（第1-2-26図）。このように、2022年以降の不動産市場の停滞は、資産価格の経路からも家計の可処分所得に影響し、感染症収束後も消費の伸びを抑制する一因となっていると考えられる。

第1-2-26図　一人当たり可処分所得伸び率の内訳（名目）

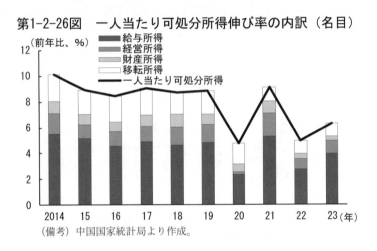

（備考）中国国家統計局より作成。

（まとめ：不動産市場の停滞に対する抜本的な措置が早急に必要）

　本項では、2020年の融資規制導入以降、不動産企業はバランスシート調整を進めており、現下の不動産市場の停滞が長期化する可能性を指摘した。また、地方政府は土地使用権譲渡収入の減少、地方融資平台は資金繰り悪化に直面しており、不良債権問題の悪化が懸念されることを確認した。さらに、不動産市場の停滞は、感染症収束後も消費の伸びを抑制する一因となっていることを確認した。

　政策対応として、不動産企業や地方融資平台に対する借換え融資等が金融機関に奨励されている。ただし、経済成長率の低下に伴い期待収益率が低下している局面での追加融資には、将来的な不良債権化のリスクが伴っており、金融機関のバランスシートの毀損が懸念される。また、金融機関の不良債権を証券化した金融商品の販売増加の動きも注視する必要がある。

　こうした金融機関のバランスシート悪化や金融商品販売等がもたらす金融システム全体が不安定化するリスクを具現化させないためには、不動産市場の停滞に対する抜本的な措置を早急に打ち出す必要があり、例えば、不動産企業のプロジェクト単位の政策的支援、不良債権の処理、金融機関の資本増強、及び地方政府の財政基盤の強化[98]（税源移譲）等が考えられる[99]。さらに、現状のように、不動産市場の高度成長から安定発展への移行が図られている段階[100]においては、土地使用権譲渡収入の増加が続く状況に戻ることを前提とせず、税制改革等の対応が待たれている[101]。今後開催予定の三中全会や全人代で発表される政府活動報告において、どのような政策方針が発表されるかが注目される。

---

[98] 曹（2019）は、1994年の分税制改革で成立した地方税体系は中央政府との共有税の名目が多く、地方独立税のウェイトが小さいと指摘している（2016年の税源配分は中央：地方＝50.4：49.6）。こうした中で、地方政府の財政収入は税収等の比率が低く、国からの移転と土地使用権譲渡収入に大きく依存している（詳細は内閣府（2023b））。

[99] 2023年11月、IMF (2023c)は北京における対中4条協議ミッション後に以下を指摘した：(1)包括的な不動産市場支援策（存続不可能なディベロッパーの退出、住宅価格調整の障害除去、未完成住宅の工事完了に向けた中央財政配分の増加、存続可能なディベロッパーのバランスシート修復、超過供給状態にある不動産市場の規模の適正化）、(2)地方債務問題解消に向けた中央・地方財政フレームワークの改革（地方財政ギャップの縮小、債務増加ペースの管理、地方融資平台の債務削減のための包括的な改革戦略）、(3)金融安定化（プルーデンス政策、銀行破綻処理の厳格な実施）。

[100] 不動産市場の高度成長と今後の移行について政府は、中国の不動産市場が2003年の住宅の商品化改革以降2020年まで高度成長を続け、一定の段階に達したことにより、質の高い・持続可能な発展に資する調整の方向にあることを指摘した（中国国家統計局（2023b））。

[101] OECD (2022a)は、個人所得税の課税ベースの拡大、不動産税の本格導入、国有企業上納金の引上げ等を提言している。

第3節　世界経済のリスク要因

　これまで、1節で欧米の景気について、2節で中国の景気とバランスシート調整について分析した。本節では、前節までの分析結果を踏まえた先行きのリスク要因について整理する。

（欧米における金融引締めの継続による需要の一層の下押し）

　欧米の消費者物価上昇率は低下傾向にあることを受けて、政策金利は2023年秋以降は据置きとなっており、長期金利は2023年秋のピーク時から低下した。これらの動きは、特にアメリカにおいては耐久消費財への需要に加え設備投資や住宅投資を喚起し景気を下支えする一方で、需要の増加を受けて消費者物価上昇率は低下傾向が鈍化ないしは高止まりする可能性もある。一方で、欧州においては、協約賃金改定に伴う賃金上昇圧力が今後も続くことが見込まれ[102]、労働費用の面からの消費者物価上昇圧力が続く可能性がある。その結果、欧米ともに金融引締めが相当の期間にわたり続く可能性がある。

　このため、金融引締めの効果が時間差を伴って耐久消費財、設備投資や住宅投資等の需要を一層下押しする可能性が継続すると考えられる。欧米諸国では、景気動向は引き続き高い変動のリスクを伴ったままであると考えるべきであり、景気動向を丁寧に確認しながらの慎重な金融政策運営が引き続き求められる。

（中国の不動産市場の停滞に起因する中国の成長率の構造的な下押し）

　中国では、不動産市場の停滞が続く中で、不動産企業のバランスシート調整がみられており、地方政府の土地使用権譲渡収入の大幅な減少、地方融資平台の資金繰り悪化が続いている。また、不動産部門にとどまらず、鉱工業企業にもバランスシート調整がみられており、製造業投資、家計の消費の伸び悩みにつながっている（1章2節2項）。不動産市場の停滞が長引く場合には、バランスシート調整も長期化し、潜在成長率に対する下押しが起こる可能性がある。また、不動産市場の停滞に起因するとみられる金融機関の不良債権について、証券化が進行していることは、リスクが非金融機関に広がる可能性があり[103]、今後の動向を注視する必要がある。

---

[102] ドイツにおいては2022年11月に金属労組が電気、自動車、機械産業分野で今後2年間（2024年まで）で計8.5％の賃上げ等で労使で合意している。
[103] 2023年の発行額は前年比＋45.6％の466億元（約9,320億円）となり、銀行の不良債権規模（2023年9月末時点で3.2兆元）に占める比率は1.5％。

（欧州におけるエネルギー情勢）

　欧州においては、ウクライナ侵略が長期化しており、これを受けたエネルギー供給制約及び価格高騰が生産活動を停滞させ、特にドイツやイタリア等のエネルギーのロシア依存が高かった国においては、その影響が顕著である。ウクライナ侵略の今後の見通しは不透明であり、欧州のエネルギー供給制約が引き続き生産活動に影響する可能性も残る。このように、欧州におけるエネルギー情勢は厳しさが続くが、短期的なエネルギー源確保の観点のみではなく、中長期的な脱炭素化に向けて、再生可能エネルギーを中心としたエネルギー源の多様化に持続的に取り組むことが必要である。このためには、費用対効果の検証も十分に踏まえた、各国による脱炭素化支援の継続が求められる。

（金融資本市場の変動）

　2023年3月のアメリカの地方銀行の経営破綻を受けて地方銀行株式相場は大幅に下落したのち、2024年2月半ば時点でも下落前の水準以下でとどまっている（第1-3-1図）。また、2024年2月には破綻行の一部資産を引き継いだ銀行が多額の貸倒引当金を計上し大幅に利益が減少したこと等を受けて同行の株価が急落するなど、不安定な状況もみられた。この背景には金融引締めを受けた商業用不動産の価格下落が挙げられるが（第1-3-2図）、金融引締めが相当の期間にわたり続く可能性がある中、商業用不動産価格の下落が続けば、商業用不動産ローンの債務延滞、不履行が増加し、中小銀行の資産を毀損することが考えられる。さらに、銀行与信の収縮を通して、経済活動に負の影響を与える可能性があるところ、商業用不動産の動向には今後も注視が必要である。

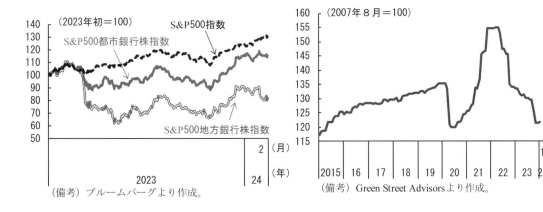

第1-3-1図　米銀行等の株価の推移

（2023年初＝100）
S&P500指数
S&P500都市銀行株指数
S&P500地方銀行株指数

（備考）ブルームバーグより作成。

第1-3-2図　商業用不動産価格指数

（2007年8月＝100）

（備考）Green Street Advisorsより作成。

（中東地域をめぐる情勢）

　2023年10月中旬にはイスラエル及びパレスチナ武装勢力間の衝突が起こるとともに、同年11月にはイエメン国内の武装勢力であるホーシー派による同国沖の紅海を航行する船舶への攻撃がなされ、中東地域の緊迫が続いている。これを受け、原油価格が一時的ではあるが上昇するとともに、欧州とアジア間の海運がスエズ運河を回避し、喜望峰周りとなる動きが増えるなど、航路変更に伴う物流コストの上昇圧力がみられる（第1-3-3図）。また、欧州の一部工場では、物流の停滞に伴う操業停止等の動きもみられている。このように、中東地域をめぐる情勢は、世界経済、特にユーロ圏と英国に対する景気の下振れリスクにまで発展するかは不透明ではあるものの、今後の情勢を注視する必要がある。

第1-3-3図　スエズ運河と喜望峰を通過する積載量

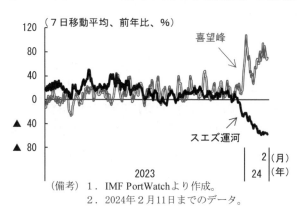

（備考）　1．IMF PortWatchより作成。
　　　　　2．2024年2月11日までのデータ。

（国際政治情勢の変化）

　2024年は、世界の主要国等で大統領選挙や総選挙等が予定されている（第1-3-4表）。選挙によって政権が交代したり議会の多数派が変わる場合、経済政策の方針が大きく変更される可能性がある。こうした政策方針の変更は、政権が交代するなどした国の経済だけでなく、貿易・投資を通じて世界各国の経済に影響を与える可能性がある。このような国際政治情勢の変化が、世界経済に与える潜在的なリスクについては、引き続き注視する必要がある。

第1-3-4表　2024年の世界各国の主な選挙関連日程

日程	内容
2024年 1 月13日	台湾総統選挙
2024年 2 月14日	インドネシア大統領選挙
2024年 3 月17日	ロシア大統領選挙
2024年 4 月10日	韓国総選挙
2024年 6 月	インド下院議員任期満了
2024年 6 月 2 日	メキシコ大統領選挙
2024年 6 月 6 日〜 6 月 9 日	欧州議会議員選挙
2024年11月 5 日	アメリカ大統領選挙
2024年12月	英国下院議員任期満了

（備考）各種公表情報より作成。

参考文献

（第 1 章）

阿拉坦沙、薩仁其其格、格根哈斯［2023］「中国における養豚経営の現状および発展の方向性」海外情報　畜産の情報　2023年12月号　独立行政法人農畜産業振興機構　2023年12月

伊藤裕規子［2023］「VWがスペインでEV電池工場着工、政府の電池生産支援が加速か」日本貿易振興機構ビジネス短信　2023年３月　https://www.jetro.go.jp/biznews/2023/03/8b857459c8da0a38.html（2024年１月31日取得）

経済企画庁［1994］『平成６年度経済白書〜厳しい調整を越えて新たなフロンティアへ〜』

曹瑞林［2019］「中国における地方税体系の現状と課題—遼寧省と大連市を中心に—」『立命館経済学』第67巻第５・６号

高塚一［2023］「欧州フォード、ケルンの電動車専用工場をオープン」日本貿易振興機構ビジネス短信　2023年６月　https://www.jetro.go.jp/biznews/2023/06/d67f4240468c3f11.html（2024年１月31日取得）

田中隆祐［2023］「住宅ローン金利負担増リスクに晒された英国家計を展望する」三菱UFJ銀行　2023年８月

中国国家統計局［2023a］『中国統計年鑑2023』中国統計出版社

中国国家統計局［2023b］「国家統計局副局長就2023年前三季度国民経済運行情況答記者問」2023年10月

中国社会科学院［2023］『2024年中国経済形勢分析与預測』社会科学文献出版社

張暁晶、劉磊［2023］「マクロレバレッジ率（宏観杠杆率）」NIFD季報　国家金融発展実験室　2023年10月

内閣府［2023a］『世界経済の潮流2022年Ⅱ－インフレ克服に向かう世界経済－』

内閣府［2023b］『世界経済の潮流2023年Ⅰ－アメリカの回復・インドの発展－』

中村容子［2022］「VW、ドイツ北部にグループ初の蓄電池セル工場の建設開始」日本貿易振興機構ビジネス短信　2022年７月　https://www.jetro.go.jp/biznews/2022/07/8e6f325406a21466.html（2024年１月31日取得）

中村容子、小川いづみ［2023］「欧州初のリチウム精製工場建設へ前進、電池の原材料確保に対応」日本貿易振興機構ビジネス短信　2023年10月　https://www.jetro.go.jp/biznews/2023/10/16b0b4ebc8431303.html（2024年１月31日取得）

布目彰秀［2024］「アルゼンチンの経済動向と対外債務の現状等について」内閣府今週の指標　No.1331　2024年１月

労働政策研究・研修機構［2023］「UAWと自動車大手3社が暫定合意—４年半で25%の賃上げなど」2023年11月　https://www.jil.go.jp/foreign/jihou/2023/11/usa_01.html?mm=1919　（2024年１月19日取得）

S&Pグローバル（中国）レーティングス［2023］「漸越万重山：標普信評2024年行業信用発展趨勢」2023年11月

Aladangady, A., D. Cho and E. Pinto [2022] "Excess Savings during the COVID-19 Pandemic", FEDS Notes, October 2022.

Battistini, N. and J. Gareis [2023] "ECB Excess savings: To spend or not to spend", THE ECB BLOG , November 2, 2023.

Bernstein, J. [2022] "US Macro in Transition", ESRI国際コンファレンス2022「ポストコロナの経済社会」基調報告, December 15, 2022.
https://www.esri.cao.go.jp/jp/esri/workshop/221215/pdf/esri2022_keynote_slides.pdf　（2022年12月19日取得）

BLS [2023] *"What Is BLS Doing to Maintain Data Quality as Response Rates Decline?",* March 2023.

BOE [2023] *Monetary Policy Report,* November 2023.

CBO [2023] *The Budget and Economic Outlook: 2023 to 2033,* February 2023.

CBO [2024] *The Budget and Economic Outlook: 2024 to 2034,* February 2024.

Charoenwong, B., M. Miao and T. Ruan. [2023] "Non-Performing Loan Disposals without Resolution", SSRN, October 2023.
https://papers.ssrn.com/sol3/papers.cfm?abstract_id=3662344　（2024年２月21日取得）

Christian, H. and W. Enzo [2023] "Russia–Ukraine war: A note on short-run production and labour market effects of the energy crisis", Energy Policy, Volume 183, December 2023.

ECB [2023] *Economic Bulletin Issue 4,* June 2023.

EMF [2023] *Quarterly Review of European Mortgage Markets for the fourth quarter of 2022,* May 2023.

EMF [2024] *Quarterly Review of European Mortgage Markets for the third quarter of 2023*, January 2024.

Figura, A. and C. Waller [2022] "What does the Beveridge curve tell us about the likelihood of a soft landing?", FEDS Notes, July 2022.

Goldman Sachs [2023] *2024 US Economic Outlook: Final Descent (Mericle)*, November 2023.

IMF [2023a] "People's Republic of China: 2022 Article IV Consultation-Press Release; Staff Report; and Statement by the Executive Director for the People's Republic of China", IMF Country Report No.23/67, February 2023.

IMF [2023b] *Global Financial Stability Report: Safeguarding Financial Stability amid High Inflation and Geopolitical Risks,* April 2023.

IMF [2023c] "IMF Staff Completes 2023 Article IV Mission to the People's Republic of China", Press Release No. 23/380, November 2023.

IMF [2024] *World Economic outlook: Moderating Inflation And Steady Growth Open Path To Soft Landing,* January 2024.

NAHB [2023] "Builder Sentiment Rises on Falling Interest Rates", December, 2023.

OECD [2022a] *OECD Economic Surveys: China 2022*, March 2022.

OECD [2022b] *OECD Economic Outlook, Vol. 2022 Issue 2,* November 2022.

OECD [2023] *OECD Economic Outlook, Vol. 2023 Issue 2*, November 2023.

OECD [2024] *OECD Economic Outlook: Interim Report*, February 2024.

Oscar, A. , A. Consolo, A.D. Silva and M.Mohr [2023] "More jobs but fewer working hours", THE ECB BLOG, June 7, 2023.

Rogoff, K. and Y.Yang [2021] "Has China's Housing Production Peaked?", China and the World Economy, 21 (1): 1-31.

The White House [2022] "FACT SHEET: CHIPS and Science Act Will Lower Costs, Create Jobs, Strengthen Supply Chains, and Counter China", August 2022.
https://www.whitehouse.gov/briefing-room/statements-releases/2022/08/09/fact-sheet-chips-and-science-act-will-lower-costs-create-jobs-strengthen-supply-chains-and-counter-china/ （2024年 1 月22日取得）

Williams, D. [2022] *Survey Nonresponse,* U.S. Bureau of Labor Statistics, December 2022.

第2章

世界の貿易・投資構造の変化

第2章

世界の潮流と、技術革新の変化

第2章　世界の貿易・投資構造の変化

　本章では、世界貿易及び直接投資の構造変化を確認する。第1節においては2010年代以降低迷している財貿易について、第2節においてはデジタル化の進展とともに2000年代半ば以降拡大がみられるサービス貿易について、第3節においては米中貿易摩擦の高まりを受けた直接投資の構造変化について確認する。

第1節 財貿易の動向

1．財貿易の低迷とその背景

　本項では、低迷がみられる財貿易の動向とその背景について分析する。具体的には、中国や韓国、台湾（以下「東アジア地域」という。）における内製化[104]の進展や、米中貿易摩擦が世界の財貿易に与えた影響について確認する。

（世界の財貿易量は低迷：スロートレード）

　最初に、世界の財貿易量を長期的に概観する。第2次オイルショック後の1980年からリーマンショックまでの期間については、1980年から2000年までの世界全体の財貿易量の年平均伸び率は5.2%、2000年からリーマンショックが発生した2008年までは5.5%と、5%台前半から半ばで拡大を続けた。2000年代は中国がWTOに加盟し、グローバル・バリュー・チェーン（GVC）において「世界の工場」としての存在感を高めた期間にあたる。2000年から2008年までの中国の財貿易量の伸び率は年平均20.9%に達し、同期間のアメリカの3.9%、欧州[105]の4.1%を大きく上回っている（第2-1-1図）。また、中国の財貿易額のシェアは2000年の3.8%から2008年には8.8%まで上昇している（第2-1-2図）。しかしながら、リーマンショックを経た2010年代以降、世界の財貿易量の伸びは低迷し、2010年から2022年までをみると世界全体では年平均2.6%、中国は5.1%の伸びにとどまっている。

---

[104] 国際貿易論における内製化とは、通常、企業が海外進出する際に、現地企業に生産を委託するのではなく、生産能力を有する子会社を現地で所有する（生産能力を自社に取り込む）ことである。本章では、こうした企業単位の概念を拡張し、国単位でみて、他国に生産を委託するのではなく、国内で生産する傾向が高まる（生産能力を自国に取り込む）ことを内製化としている。

[105] 欧州の範囲はEU加盟国に加え、アイスランド、アルバニア、ウクライナ、英国、北マケドニア、スイス、セルビア、ノルウェー、ベラルーシ、ボスニア・ヘルツェゴビナ、モルドバ、ロシアを含む。

第2-1-1図　世界の財貿易量の推移

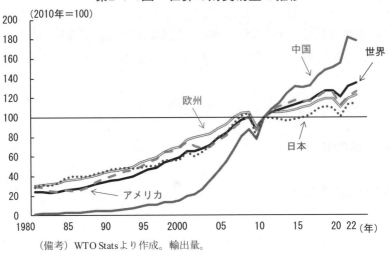

（2010年＝100）

（備考）WTO Statsより作成。輸出量。

第2-1-2図　世界の財貿易額シェア（名目）

■中国　☒日本　☐アメリカ　▨EU　□その他

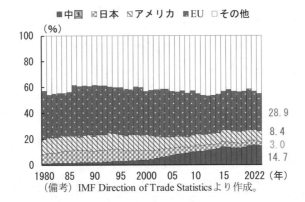

28.9
8.4
3.0
14.7

（備考）IMF Direction of Trade Statisticsより作成。

さらに、財貿易量と実質GDP成長率の関係をみると、1980年代半ば以降リーマンショックまでの期間は、世界の財貿易量の伸び率が世界の実質GDP成長率を安定的に上回って推移していたが、2010年代に入ると世界の財貿易量の伸び率が世界の実質GDP成長率をおおむね下回るようになり、2018年以降は前者が後者を年平均で１％程度下回るようになった（第2-1-3図）。

第2-1-3図　世界の財貿易量と実質GDPの伸び（前年比）

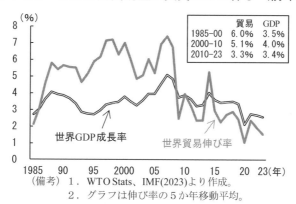

	貿易	GDP
1985-00	6.0%	3.5%
2000-10	5.1%	4.0%
2010-23	3.3%	3.4%

（備考）１．WTO Stats、IMF(2023)より作成。
　　　　２．グラフは伸び率の５か年移動平均。

　このように世界全体では2010年代以降、財貿易量の伸び率の鈍化（スロートレード）がみられる。ただし、Baldwin(2022a)は、世界最大の貿易国（地域）であるEUでは名目財貿易額の対名目GDP比が引き続き上昇傾向にあるとともに、EU内においても2008年を境に貿易の拡大がピークアウトしている国とそうでない国に分かれていることを指摘している。加えて、アメリカは同比率のピークが2011年、中国は2006年となっており、スロートレードの動きは世界各国・地域で一様ではないことを指摘している（第2-1-4図）。

第2-1-4図　名目財貿易額の対名目GDP比の推移

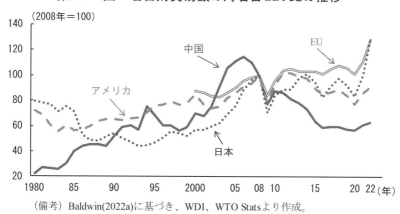

（備考）Baldwin(2022a)に基づき、WDI、WTO Statsより作成。

スロートレードの原因としては、時期的に2008年のリーマンショックや2018年の米中貿易摩擦の本格化が重なるものの、いわゆる「シェール革命」によるアメリカの石油関連財の輸入量の減少とともに、中国における内製化の進展等による先進国からの資本財の輸出の伸び悩みが指摘されている[106]。Baldwin(2022b)、Baldwin(2022c)、Baldwin(2022e)によると、2008年から2020年にかけての名目財貿易額の対名目GDP比の低下の約6割は鉱物性資源の貿易減によるものである。また、製造業においても、自動化の進展が生産における労働費用の割合を減らすとともに、それに伴い低所得国への生産移転の収益性が低下したことから、先進国から新興国への製造工程のオフショアリング[107]の進展が一服し、サプライチェーンの構成が全般的に整理され、単純化されたことに伴う貿易の減少がみられることが指摘されている。さらに、伊藤・椋（2021）では日本企業を例にとり、新興国の内製化が進み、先進国企業の生産拠点のある新興国で、部品の現地調達が増加していることが指摘されている。

（東アジア地域の内製化が進展し、加工貿易のウェイトが低下）

　スロートレードの原因の一つとして、東アジア地域における中間財や資本財の自国内での生産ウェイトの拡大、すなわち内製化に伴う加工貿易のウェイトの低下が考えられる。加工貿易とは、輸入した中間財を国内で加工し、最終財を再輸出することである。加工貿易のウェイトが低下すると、最終財に含まれる中間財部分（二重計上[108]部分）の通関ベースの貿易統計での計上が減少することから、最終財そのものの貿易量は変わらないものの、貿易量は世界全体として減少することになる。

　そこで、加工貿易のウェイトの低下を確認するために、輸入中間財の再輸出率（輸入された中間財のうち輸出財の生産に使用された中間財の比率）をみると、EUは上昇傾向にあるものの、アメリカと日本は、他の東アジア地域・ASEANと比べておおむね低位で横ばいで推移している。一方で、東アジア地域においては、2010年代以降緩やかな低下傾向がみられ、輸入中間財の用途が加工貿易から国内向けの消費財や投資財生産にシフトしていることが分かる（第2-1-5図、第2-1-6図）。

---

[106] 内閣府（2019a）
[107] 事業拠点の他国への移転を指す。(WEF(2023))
[108] 貿易統計における二重計上問題については次項を参照。

第2-1-5図　先進国・地域の輸入中間財の再輸出率

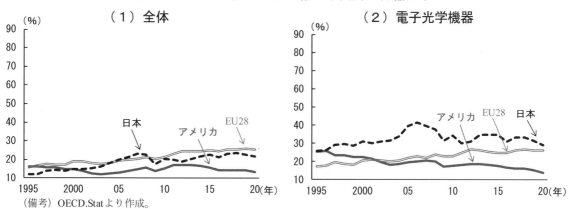

（1）全体

（2）電子光学機器

（備考）OECD.Statより作成。

第2-1-6図　東アジア地域・ASEANの輸入中間財の再輸出率

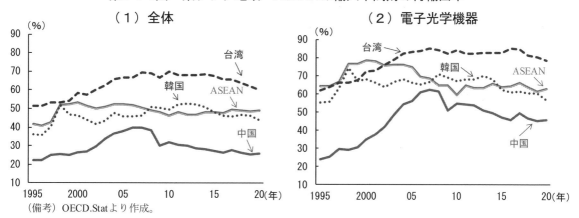

（1）全体

（2）電子光学機器

（備考）OECD.Statより作成。

実際に中国の輸入を加工貿易、一般貿易、その他に分けてみると[109]、加工貿易比率が低下している（第2-1-7図）[110]。これに対し、ASEANは、再輸出率が比較的高水準で横ばいで推移しており、引き続き加工貿易主体の貿易構造を維持していると考えられる。

　また、一般的に高付加価値産業とされる電子光学機器（半導体を含む系列）の動向をみると、これら東アジア地域・ASEANでは電子光学機器の再輸出率が緩やかな低下傾向にあるものの、全体と比べて高くなっており、こうした分野では引き続き、加工貿易のウェイトが高いと考えられる。

第2-1-7図　中国における輸入構造の変化

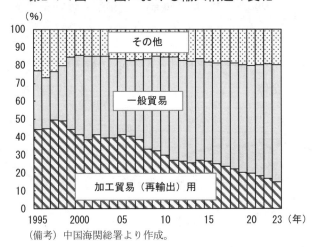

（備考）中国海関総署より作成。

---

[109] 加工貿易とは、外国から輸入した原材料・部品を国内で加工して再輸出するもの。一般貿易とは、国内で消費するための輸入。その他には、中継貿易、国境貿易（国境をまたぐ狭い地域で行われる小規模な交易）、寄付等（寄贈物品等）が含まれる。

[110] 本田（2023）においても、中国において輸出品の生産にあたっての輸入財への依存が低下するといった構造的な変化が生じている可能性を示している。また、加工貿易の弊害（環境問題等）を受け、禁止・制限品目の拡大等の加工貿易制度の見直しが行われたことも背景にあると考えられる（内閣府(2019a)）。また、三浦（2023）によると、国内付加価値率が上昇している電機・電子産業が繊維産業に代わる主力輸出産業になったことが、国内付加価値率の上昇（内製化）を促したと指摘している。

（米中貿易摩擦の影響は世界貿易全体に対しては限定的）

次に、スロートレードの原因の１つとされている米中貿易摩擦の影響について確認する。

まず、世界貿易額全体の中での米中間の貿易額のシェアは、2010年台半ば以降は３％程度で横ばいとなっており、2022年時点で約18%のEU域内貿易額や、約3.5%の米EU間や中EU間の貿易額と比べて小さいことから、米中両国間の貿易額の変動自体による世界全体の貿易額への直接的な影響は限定的であると考えられる（第2-1-8図）。

第2-1-8図　世界貿易額に占める主要国・地域間貿易額のシェア（名目）

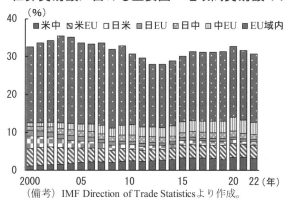

（備考）IMF Direction of Trade Statisticsより作成。

ただし、米中間の貿易額の変動は様々な経路を通じて間接的に世界貿易全体に波及する可能性もある。この点を確認するために、伊藤・田中（2023）に基づき、1990年以降のデータを用いて、中国と世界各国との２国間貿易額の関係をみると、２国間貿易額は経済規模と比例すると考える重力方程式[111]と整合的であることが分かる（第2-1-9図）。さらに、散布図での分布の範囲は経済規模の拡大に伴って徐々に右上へ移動しつつあるものの、近似曲線を10年区切りで推計してみると、傾きに大きな変化は確認できない。特に米中貿易摩擦が本格化し始め、両国間の貿易額が世界全体の貿易額に占めるシェアが頭打ちとなった2018年以降についても、近似曲線の傾きが他の期間と同程度であることから、米中貿易摩擦は、経済規模から見込まれる中国と世界各国との貿易額に影響を与えていないと考えられる[112]。

---

[111] ここで用いている重力方程式とは、国際経済学における重力方程式のことである。貿易相手国を決定する際に、(1)経済規模、(2)物理的距離の２つの要因が考慮され、２国間貿易額は経済規模と比例し、物理的距離と反比例する関係にあることが確認されている。
[112] 各期間の傾きを確認すると、1990～1999年が24.9、2000～2009年が27.5、2010～2017年が26.6、2018～2020年が28.8となっており、大きな変化は生じていない。

第2-1-9図　中国と世界の財貿易額の重力方程式

（１）散布図　　　　　　　　　　　　　　　（２）近似曲線

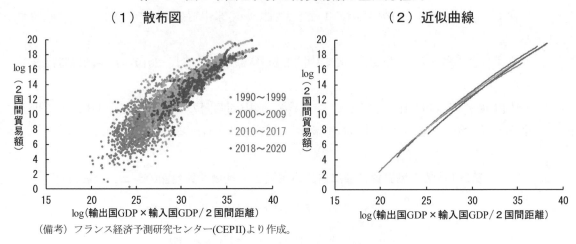

（備考）フランス経済予測研究センター(CEPII)より作成。

　一方で、米中間に絞った重力方程式をみてみると、2010年代後半から２国間貿易額と経済規模との比例関係が弱まる（傾きが小さくなる）傾向が強まっていることが分かる（第2-1-10図）。このことは、前述のとおり貿易額の増加傾向は続いているものの、経済規模の拡大ペースよりも貿易額の増加ペースが減速していることを意味している。このため、米中貿易摩擦の影響は、世界貿易全体のトレンドの変化としては現れていないものの、米中２国間においては発現していると考えられる。

第2-1-10図　アメリカと中国の重力方程式

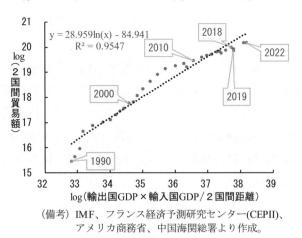

（備考）IMF、フランス経済予測研究センター(CEPII)、
　　　　アメリカ商務省、中国海関総署より作成。

２．付加価値貿易の観点からみた財貿易の動向

　前項では主に貿易統計からスロートレードの原因を考察し、東アジア地域における内製化の進展が主な原因となっている可能性を指摘した。また、米中貿易摩擦の影響については、世界貿易全体のトレンドの変化としては確認できなかったものの、米中２国間においては既に現れていることがうかがえる。しかし、貿易統計には、財の輸出金額の一部に、他国で生み出された付加価値が含まれるといういわゆる二重計上が生じており、GVCの発展に伴い、二重計上分が大きくなっていることが考えられる。スロートレードの背景を考えるには、GVCにおける各国の役割の変化を分析することが必要となるが、そのためには、二重計上の影響を排除し、各国において付加された価値の観点から分析することも重要である。

　本項では、主に東アジア地域の経済発展に伴う、製造業の高度化・高付加価値化が、サプライチェーンでの他国・地域への依存の低下（GVCの後退）を招いているかを確認するために、付加価値貿易統計[113]を用い、各国において輸出財に新たに付加された価値の動向をみてみる。また、米中貿易摩擦が深刻化した場合に生じ得る影響について、GVCにおける各国の繋がりという観点から分析していく。

（付加価値貿易統計とは）

　通常の貿易統計では、対象国から輸出された財・サービスについて、同国で創出された付加価値のみではなく、他国の付加価値も含めた全体が計上されており、統計上、他国の付加価値が複数回計上されるといういわゆる二重計上が存在している。第2-1-11図で具体例をみると、A国で創出されB国へ輸出された付加価値「a」は、貿易統計上、B国からC国への輸出にも計上されている。付加価値貿易統計とは、このような二重計上分を取り除いた統計のことである。

　こうした二重計上が存在すると、各国の輸出金額の動向は、生産活動の実態とはかい離したものとなる可能性がある。例えば、猪俣（2019）によると、2009年時点で、iPhone3Gの小売価格500ドルの付加価値の内訳は、商品企画等を行う米国企業によるものが約332ドル、物流や究開発、部品生産等を行う日本やドイツ等の企業分が約162ドルとなっており、当時世界最大のiPhone生産国（かつ輸出国）であった中国企業が生み出したのは６ドル程度に過ぎない。一方で、通常の貿易統計においては、輸入品の最終出荷地が原産地とされることから、iPhoneの完成品の全ての価値が中国からの輸出として計上される。

---

[113] ここではOECDが公表しているTiVA Databaseを用いる。

付加価値貿易統計では、こうした要因を排除し、各国での生産活動の実態、及び真に各国において付加された価値をみることができる。

第2-1-11図　貿易イメージ

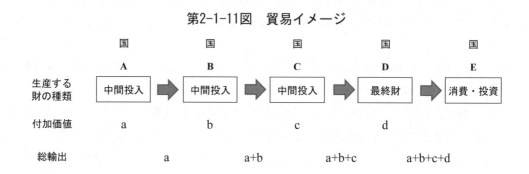

米中貿易摩擦の要因としてアメリカの対中貿易赤字の拡大が挙げられることが多いが、付加価値貿易統計を用いて対中貿易赤字を確認してみると、貿易統計でみる通常の貿易赤字よりも小さいことが分かる。その差は年々拡大していることから、一般的にアメリカの対中貿易赤字として捉えられている貿易統計ベースの数字は、実態よりも大きくなっていると考えられる（第2-1-12図）。これは、中国の輸出製品の多くが、他国から供給される高付加価値の部品・原材料を用いて生産されていることを意味している[114]。このように、付加価値貿易統計を用いることで、通常の貿易統計では捉えられない世界貿易の現状を捉えることができる。

第2-1-12図　アメリカの対中貿易赤字（付加価値ベースとの比較）

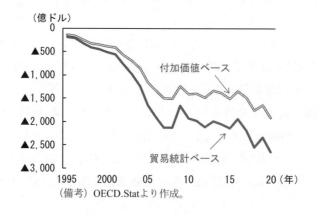

（備考）OECD.Statより作成。

---

[114] 猪俣（2019）

（オフショアリングの停滞とGVCの後退）

　こうした付加価値貿易統計を活用し、GVCの進展状況を確認するために、付加価値輸出額（VAX：Value-Added in eXports）の総輸出額に対する比率（VAX比率：Ratio of VAX to Gross Exports）の推移をみてみる。VAX比率とは輸出に占める国内で生産された付加価値の割合であり、この比率が高いほど国内産業の高付加価値化がより進んでいることを意味する。さらに、VAX比率の分母である総輸出をみてみると、総輸出は「国内源泉の付加価値」、「海外源泉の付加価値」、「純粋多重計算項[115]」の３つの内訳に分けることができる（第2-1-13図）。総輸出額が一定の場合、VAX比率の上昇は、主に分子の「国内源泉の付加価値」が増加し、分母に含まれる「海外源泉の付加価値」が減少することで生じる。また、「純粋多重計算項」が減少することもVAX比率の上昇につながる。「海外源泉の付加価値」と「純粋多重計算項」の減少は、ともにGVCの後退を示唆することから、VAX比率が上昇している国・地域では、GVCへの参画度が低下している可能性が示唆される。

第2-1-13図　総輸出の内訳

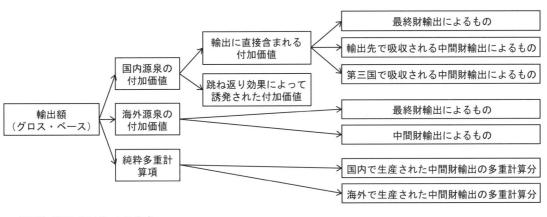

（備考）猪俣（2019）より作成。

---

[115] 例えば、アメリカのA社が製造した半導体aに含まれる付加価値額αがどのように計上されるのかを考える。aが日本へ輸出され、日本のB社がそれを用いて高性能カメラ部品を生産したとする。このカメラ部品が日本国内で最終製品に組み込まれ、日本国内で最終消費された場合は、αは「輸出先で吸収された中間財輸出による国内源泉付加価値」に計上される。その後、B社のカメラ部品が日本国内で吸収されずに更にアメリカへ輸出され、アメリカのC社が自社のドローンに組み込んでアメリカ国内で最終消費された場合は、αは「跳ね返り効果によって誘発された国内源泉付加価値」に計上される。一方で、C社のドローンが更に第３国へ輸出された場合は、αはアメリカの総輸出の「純粋多重計算項」に計上される。これは、半導体aに含まれるアメリカ源泉の付加価値αは、日本への輸出で１回、そしてドローンに組み込まれた形で第３国への輸出でもう１回、アメリカの通関統計（輸出）に記録されることから、付加価値の多重計算が生じるためである。

ここでVAX比率を世界全体及び国・地域別にみてみると、世界全体では先進国から新興国へのオフショアリングの進展に伴い、2010年頃まで同比率が低下していたものの、2010年以降は低下傾向に底を打ち、再び上昇している（第2-1-14図）。

第2-1-14図　世界全体のVAX比率

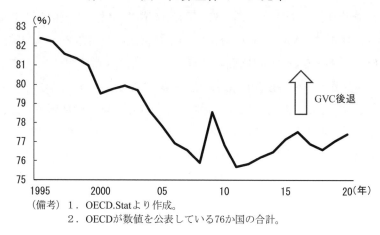

（備考）　1．OECD.Statより作成。
　　　　　2．OECDが数値を公表している76か国の合計。

　また、先進国では1990年代から2010年代にかけて同比率は緩やかに低下してきたものの、2010年代以降は横ばいないしは上昇傾向となっており、GVCの停滞ないしは後退が示唆されている（第2-1-15図）。これはBaldwin(2022c)が示しているように、先進国から新興国への製造工程のオフショアリングが終わりつつあることと整合的である。
　次に、東アジア地域では、同比率は2000年代後半から2010年頃を谷として2010年代後半は上昇していることが分かる（第2-1-16図）。これら東アジア地域においては、国内産業の高付加価値化が進展しており、GVCへの参画度が低下していると考えられる。前項では加工貿易のウェイトの低下（内製化）が進んでいる可能性を指摘したが、付加価値貿易統計の動きもこれと整合的である。

第2-1-15図　先進国・地域のVAX比率

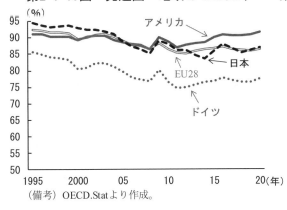

第2-1-16図　東アジア地域・ASEANのVAX比率

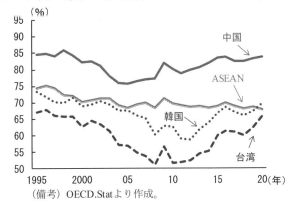

（備考）OECD.Statより作成。

　世界全体のVAX比率の前年差国別寄与度を確認すると、最近のVAX比率の上昇は東ア
ジア地域が寄与の大部分を占めていることが分かり、これら東アジア地域における国内
産業の高付加価値化が、世界全体のGVCの後退に繋がっていると考えられる（第2-1-17
図）。

　一方で、ASEANについては同比率が長期的に低下傾向で推移しており、国内産業の高
付加価値化が進展する動きはみられないものの、GVCへの参画が進んでいることが分か
る。このことより、米中貿易摩擦が高まる中で、米中どちらの陣営にも属さないASEAN
がその隙間を埋める形でGVCへの参画を進めている可能性がある。

第2-1-17図　世界全体のVAX比率の前年差国別寄与度

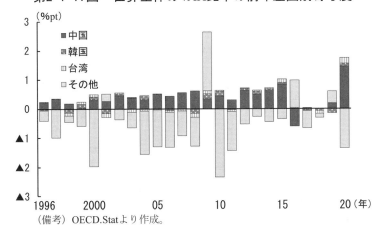

（備考）OECD.Statより作成。

Box. GVCにおける各国の立ち位置

　付加価値貿易統計を用いることで各国のGVCにおける立ち位置を確認することができる。ここではVAX-P対VAX比率（付加価値輸出額に占める中間財付加価値輸出額の比率）をみてみる。VAX-P（VAX for final stage production）とは、輸出された国内付加価値のうち、海外で最終財の生産に使われた付加価値額を示す。VAX-Pは当該国の付加価値輸出のうち、中間財の付加価値輸出のみを捉え、最終財の付加価値輸出は含まれないことから、一般的に最終財の付加価値輸出の割合が高い国（すなわち最終組立地としての役割が大きい国）ほど、VAX-P対VAX比率が低くなる。このような国はGVCにおける立ち位置が下流寄りであると言える。

　まず、先進国・地域についてみてみると、日本とアメリカは同比率が高く、GVCにおける立ち位置は上流寄りであると言える。また、日米はともに国内生産付加価値比率が高いことから、高付加価値の中間財を提供していると考えられる。これに対してEU28では同比率が低く、中国とも同程度であり、GVCの中で下流寄りであると言える（図1）。

　次に、東アジア地域・ASEANについてみてみると、中国は低水準ながら緩やかな上昇傾向となっており、最終組立地としての役割を維持しながらも産業全体の高付加価値化を進めていることが分かる。また、ASEANも近年は同比率が低下傾向であり、最終組立地としての役割が増加してきていると考えられる。一方で、韓国、台湾では同比率が高く、上流寄りであると言える。東アジア地域・ASEANの中でもGVCにおける役割の違いがみえる。

図1　VAX-P対VAX比率

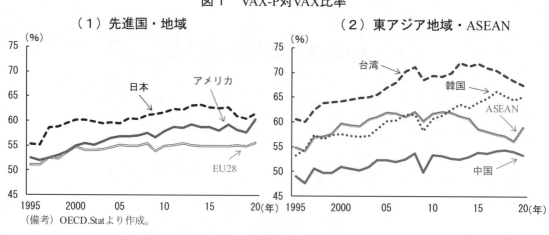

（1）先進国・地域　　　　　　（2）東アジア地域・ASEAN

（備考）OECD.Statより作成。

（米中貿易摩擦が更に高まれば、GVCを通じて特定国に集中的に悪影響）

　次に、GVCにおけるつながりという観点から、米中貿易摩擦が更に高まる場合にどのような影響が生じるのかを確認していく。前項では、貿易額の観点からは米中貿易摩擦の影響は限定的と指摘したが、今後、米中貿易摩擦が更に高まる場合、米中両国とGVCにおける関係が深い国にとっては、その影響が拡大する可能性がある。

　アメリカの輸出に含まれる海外からの付加価値額の対各国・地域の名目GDP比[116]（各国・地域の経済規模と比較してどの程度アメリカの輸出の変動の影響を受けるかを示す）をみると、北米３か国の自由貿易協定であるUSMCAに加盟するカナダ及びメキシコについては、アメリカの輸出に含まれる両国の付加価値額は名目GDP比で共に1.5%程度となっており、アメリカの対中輸出が減速した場合、両国の経済に与える影響が相応にみられると考えられる[117]（第2-1-18図）。

第2-1-18図　アメリカの輸出に占める各国の付加価値額（対各国名目GDP比）

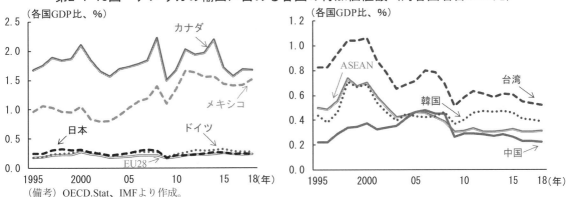

（備考）OECD.Stat、IMFより作成。

　次に、中国の輸出に含まれる海外からの付加価値額の対各国・地域の名目GDP比をみてみると、台湾及び韓国の比率が高く、米中貿易摩擦が更に高まり、中国の対米輸出が減速すれば、両国の経済に与える影響は大きいと考えられる。なお、台湾については、アメリカの輸出における同比率が約0.5%であるのに対し、中国の輸出における同比率は約4.3%と高く、韓国についてもアメリカが約0.4%であるのに対し、中国は約2.9%と高い（第2-1-19図）。また、近年はサウジアラビアやカザフスタン、ロシアといった「一帯一路」沿線国も中国の輸出における同比率が高まっており、米中貿易摩擦による輸出減の影響を受ける可能性がある[118]。

---

[116] GDPは名目、市場レート、USドルベース。
[117] 同比率が1.5%ということは、仮にアメリカの輸出が１%減速した場合、両国のGDPをそれぞれ0.015%押し下げる効果があるという計算になる。
[118] 「一帯一路」沿線国と中国との経済関係の深化がみられており、例えば、カザフスタンやサウジアラビアに対する中国の自動車輸出が近年大きく増加していることが指摘されている（細江（2024））。

第2-1-19図　中国の輸出に占める各国の付加価値額（対各国名目GDP比）

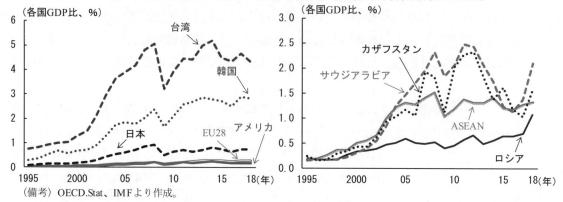

（備考）OECD.Stat、IMFより作成。

　一方で、ASEANについては、アメリカの輸出に含まれるASEANからの付加価値額の対ASEANの名目GDP比が約0.3%、中国の輸出における同比率は約1.3%となっており、台湾、韓国と比べれば中国の輸出が減速した場合の経済に与える影響度合いは低い。また、ASEANの輸出に占める各国の付加価値割合をみてみると、中国の割合は約22%と高いものの、アメリカ、日本、欧州といったその他の経済大国・経済圏もそれぞれ10%以上を占めており、ASEANは米中貿易摩擦の中において複数の経済大国・経済圏と関係性を維持していることが推察される（第2-1-20図）。熊谷他（2023）では、米中貿易摩擦の深刻化は、ASEANについては域内全体のGDPに対してプラスに寄与すると試算しており[119]、米中貿易摩擦下におけるASEANの重要性が高まっている。

第2-1-20図　ASEANの輸出に占める海外からの付加価値割合

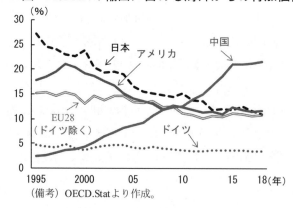

（備考）OECD.Statより作成。

---

[119] 熊谷他（2023）は、2018～19年にかけての米中貿易摩擦におけるアメリカ側の関税率引上げと同等の非関税障壁が2025年以降追加的に課される場合を想定し、2030年におけるベースラインシナリオのGDPからのかい離を試算している。同試算によれば、日米中ともに▲3.0%以上の影響が出ているのに対し、ASEANでは＋0.5%という結果になっている。

（GVCにおける米中の関係性は深く、米中貿易摩擦の高まりは両国にも大きな影響）

　アメリカの輸出に占める各国の付加価値割合をみてみると、中国の割合は約14％を占めており、アメリカのGVCに深く組み込まれている。仮に米中間の貿易が全て途絶えた場合、アメリカ自身の輸出産業も大きな影響を受けることになる（第2-1-21図）。

　さらに、半導体を含む光学電子機器輸出に占める中国の割合では約31％となっており、規制対象を半導体に限定したとしても、付加価値ベースでみれば、アメリカの半導体輸出の最大3分の1が影響を受ける可能性がある。このようにGVCの分析からは米中の経済の結びつきの深さが確認でき、米中貿易摩擦が更に高まれば、米中両国にとっても大きな影響が生じる可能性がある。

　現在のアメリカの政策方針は、守るべき技術を重要分野に限定する「小さな庭、高いフェンス（small yard, high fence）」の考え方の下、規制対象を先端半導体に限定している。今後については、規制対象と対象外の分野を明確にするとともに、ASEAN等の第3国についてはルールに基づく貿易体制を維持することで、経済への影響を最小限にしていくことが必要と考えられる[120]。

第2-1-21図　アメリカの輸出に占める海外からの付加価値割合

（1）全体

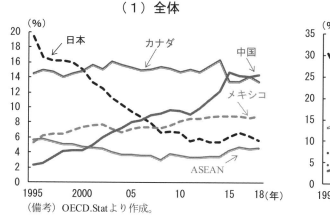

（2）電子光学機器

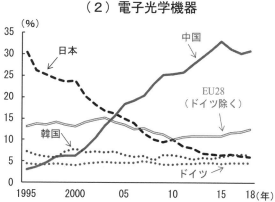

（備考）OECD.Statより作成。

---

[120] Ando, Hayakawa and Kimura(2024)は、米中貿易摩擦の影響は一部の品目（先端半導体）に限って生じているとした上で、規制対象を明確に線引きすることが必要であり、ASEAN等の中立的な地域についてはルールに基づいた貿易が保たれる必要があると指摘している。

Box.　米中貿易摩擦の動向

　2017年のトランプ大統領就任以降、アメリカ政府は安全保障や経済の強化等を貿易政策の優先事項と位置付け、各国に対して新たな通商交渉を開始した。特に中国に対しては、2018年7月6日にアメリカが対中輸入品に対して追加関税を実施してから、2020年初に米中間の第1段階合意文書に署名されるまで、両国間で追加関税の応酬が続いた（表1）。その後、感染症の拡大やバイデン政権への移行により、しばらく大きな動きはみられなかったが、2022年10月にアメリカが対中半導体輸出規制措置を発表したことで、相互に輸出規制の応酬が始まった。アメリカが半導体等の軍事技術の流出につながる品目に輸出規制措置を取ったことに対して、中国は世界に占める自国の生産シェアが大きい重要鉱物の輸出規制措置を取っている。

　2023年10月に、アメリカ商務省産業安全保障局（Bureau of Industry and Security）は、安全保障上の懸念を理由に前年2022年10月に発表した中国への半導体関連品目の輸出規制を強化することを発表した（表2）。今回の規制強化は、第3国からの迂回輸出を防ぐとともに、規制の有効性を維持することを目的とした制度改正が主な内容である。具体的には、規制対象国や対象項目を拡大したことで迂回輸出の防止や有効性の維持を図っている。また、経済界から寄せられていた規制内容が不明瞭との意見を踏まえ、規制品目と非規制品目との境界線を明確化するために規制の精緻化が行われている。

　一方で、2023年11月にアメリカ連邦議会の諮問委員会である米中経済・安全保障調査委員会が議会に提出した2023年年次報告書によれば、当初の規制により2023年1～8月のアメリカの半導体輸出は前年同期比で64億ドルから31億ドルへと50.7%減少したものの、現在の規制は中国のAI開発を遅らせる可能性はあるが、同盟国の規制と組み合わせても、中国の軍事部門への技術、専門知識、資本の流入を食い止めるには不十分であると指摘している。そして、今後の課題として軍と民間にまたがる技術への対応が挙げられており、商務省が管理する商取引管理リストと、国務省が管理する米国軍需品リストを統合して単一の許可制度を整備するなど、軍と民間のデュアルユース技術に改めて焦点を当てる必要があると提言している。

　こうした動きを踏まえると、米中貿易摩擦は輸出規制等の強化が継続するものの、その規制対象の明確化が進むことにより、経済安全保障の観点からの規制強化と経済活動の両立が図られる可能性がある。

表1　米中貿易摩擦の推移

アメリカ		中国	
日付	出来事	日付	出来事
2018年 2月7日	太陽光発電製品の輸入に対して緊急輸入制限措置を発動。		
3月23日	鉄鋼（25%）・アルミニウム（10%）への関税賦課を実施。	2018年 4月2日	対米輸入品128項目に対し最大25%の関税賦課を実施。
7月6日	対中輸入品340億ドル相当、818項目に25%の追加関税を実施。	7月6日	対米輸入品340億ドル相当、545項目に25%の追加関税を実施。
8月23日	対中輸入品160億ドル相当、279項目に25%の追加関税を実施。	8月23日	対米輸入品160億ドル相当、333項目に25%の追加関税を実施。
9月24日	対中輸入品2,000億ドル相当、5,745項目に10%の追加関税を実施。	9月24日	対米輸入品600億ドル相当、5,207項目に5〜10%の追加関税を実施。
2019年 5月10日	対中輸入品2,000億ドル相当への追加関税を10%から25%に引上げ。	2019年 6月1日	対米輸入品600億ドル相当への追加関税を5〜10%から5〜25%に引上げ。
9月1日	対中輸入品1,200億ドル相当に15%の追加関税を実施。	9月1日	対米輸入品750億ドル相当に5〜10%の追加関税を実施。
2020年 2月14日	対中輸入品1,200億ドル相当への追加関税を15%から7.5%に引下げ。	2020年 2月14日	対米輸入品750億ドル相当への追加関税を5〜10%から2.5〜5%に引下げ。
2022年 10月7日	対中半導体輸出規制措置を発表。	2023年 8月1日	半導体の材料となるガリウムとゲルマニウム関連品目の輸出規制を実施。
2023年 8月11日	対中原子力関連品目輸出規制措置の強化を実施。		
10月17日	対中半導体輸出規制措置の強化を発表。	12月1日	リチウムイオン電池の材料となる黒鉛関連品目の輸出規制を実施。

（備考）内閣府（2019a）、内閣府（2019b）、内閣府（2020）、内閣府（2023b）、アメリカ商務省産業安全保障局、中国商務部公表資料より作成。

表2　2023年に追加された対中輸出規制の詳細

1．先端コンピューティング半導体に係る要件変更	
（1）	輸出許可が必要な対象国について中国及びマカオに加えアメリカが武器禁輸措置をとっている21か国にも拡大。
（2）	規制対象となる半導体を特定するための性能要件を更新。
（3）	「ライセンス特例通知済み先端コンピューティング（NAC）」の更新。この一環として民生用アプリケーションのための半導体の輸出を許可。
（4）	中国を含むアメリカの武器禁輸対象国及びマカオに本社（最終的な親会社も含む）を置く企業に対する規制対象の半導体の輸出について、国を問わず輸出許可要件を設定。それにより懸念国の企業が海外の子会社や支店を通じて規制対象の半導体を確保することを防止。
（5）	海外の取引相手が規制を回避しようとしているか工場が評価できるよう、新たな評価基準と追加のデューデリジェンス要件を設定。
（6）	懸念国が第3国を経由して規制品目の輸入や接触をしたとの報告があった場合、当該第3国に対して輸出許可要件を課す。
（7）	少数のハイエンドゲーミングチップに通知義務を設ける。
2．半導体製造装置に係る要件変更	
（8）	輸出許可が必要な対象国について中国及びマカオに加えアメリカが武器禁輸措置をとっている21か国にも拡大。
（9）	規制対象とする半導体製造装置の種類を追加。
（10）	アメリカ人による懸念国における半導体の開発、生産に対する支援活動の制限について、活動内容をより精緻化した上で成文化。
3．エンティティー・リスト（取引制限企業リスト）への新規追加	
（11）	新たに2社の中国企業及びその子会社（合計13社）をエンティティー・リストに追加。

（備考）　1．アメリカ商務省産業安全保障局公表資料より作成。
　　　　　2．ライセンス特例通知済み先端コンピューティング（NAC）とは、ライセンス特例の下、事前の届出なしに他国への輸出、再輸出、移転ができる先端コンピューティングのこと。
　　　　　3．民生用アプリケーションとは、家電やIoT機器等のアプリケーションのこと。
　　　　　4．デューデリジェンスとは、対象企業の経営環境や事業内容等の調査を行うこと。
　　　　　5．エンティティー・リスト（取引制限企業リスト）へ新規追加された2社は、先端コンピューティング集積回路の開発に携わっている、Biren Technology及びMoore Thread。

第2節　サービス貿易・デジタル貿易発展の背景

　本節では、経済のサービス化の進展とともに重要性を増しているサービス貿易について、その特徴を分析する。

（サービス貿易は安定的に増加傾向）

　最初に、世界全体のサービス輸出について、2005年以降の動向をみてみよう。データの制約上名目値のみでの比較となるが[121]、サービス輸出は世界全体の名目GDPや財輸出額[122]の伸びを大きく上回って推移し、安定的な増加傾向[123]となっている（第2-2-1図）。2022年の名目ベースでの世界GDP成長率は3.8％であったが、サービス輸出の寄与度は0.9％ポイントと、経済成長の新たなけん引役となりつつある[124]。

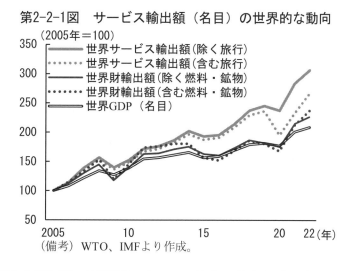

第2-2-1図　サービス輸出額（名目）の世界的な動向

（2005年＝100）

- 世界サービス輸出額（除く旅行）
- 世界サービス輸出額（含む旅行）
- 世界財輸出額（除く燃料・鉱物）
- 世界財輸出額（含む燃料・鉱物）
- 世界GDP（名目）

（備考）WTO、IMFより作成。

　続いて、主要な先進国及び新興国のサービス輸出の動向を確認する。

　アメリカにおいては、2020年に旅行やそれに伴う輸送が顕著に減少したものの、他のサービス輸出は、コンサルティングサービスや金融・保険を中心に、堅調な増加が続いている（第2-2-2図（1））。アメリカのサービス輸出について重力方程式に基づく散布図をみると、右肩上がりの傾向線の当てはまりが高く、2国間の経済規模の拡大（両国間の距離で基準化）に応じて、サービス貿易の規模が拡大する傾向があることが分かる（第2-2-2図（2））。他方、アメリカの対中サービス輸出のみを取り出すと、2016年までは傾

---

[121] WTOは、財貿易については名目値・実質値を発表しているが、サービス貿易については名目値のみ発表している。
[122] 財輸出については、名目値では、コモディティ製品を中心に価格変動の影響も大きいことから、財輸出の指数値はGDPを上回って推移する傾向がみられるが、燃料・鉱物を除くと、財輸出とGDPは同程度で推移している。
[123] サービス輸出のうち、旅行サービスは、2020年の感染症拡大以降に大幅な変動がみられたことから、第2-1-20図（2）のトレンド比較においては除外している。
[124] 2022年の規模（名目値）をみると、世界GDP100兆ドルに対し、財輸出25兆ドル、サービス輸出7兆ドル。

向線（2005～2022年の平均的な関係）に比べ傾きが上回る傾向がみられたが、2017～2019年は傾きが下回り、2017年以降傾きの緩やかな低下がみられている。さらに、2020年の感染症拡大以降は傾向線よりも下方に大きくかい離しており、その背景として、旅行や輸送サービス等の輸出の急減が確認される（第2-2-2図（3））。

第2-2-2図　アメリカのサービス輸出額（名目）

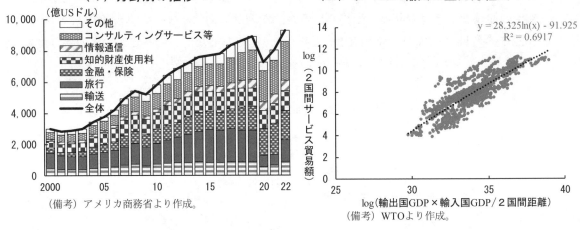

（1）分野別の推移

（2）サービス輸出の重力方程式

（3）対中サービス輸出の推移

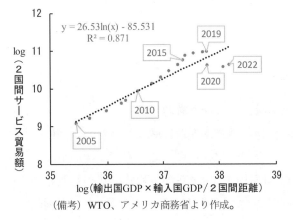

EUのサービス輸出においても、2020年の感染症拡大時には旅行サービス輸出の急減速が確認されるが、その他の分野は、情報通信分野を中心に拡大が続いた。2021年には、旅行サービスは回復途上であったにもかかわらず、サービス輸出全体としては、感染症拡大前（2019年）の水準を上回った（第2-2-3図）。

第2-2-3図　EUのサービス輸出額（名目）

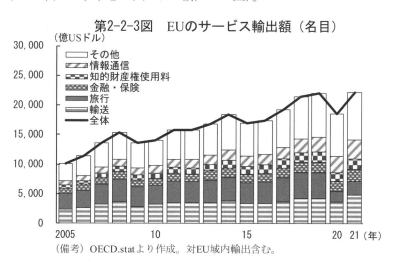

（備考）OECD.statより作成。対EU域内輸出含む。

英国のサービス輸出においても、2020年の感染症拡大時には旅行サービス輸出が急減したが、金融や情報通信分野等の他の分野は拡大が続いたことで、2021年には、旅行サービスが回復途上であったにもかかわらず、サービス輸出全体としては、感染症拡大前（2019年）の水準を上回った[125]（第2-2-4図）。

第2-2-4図　英国のサービス輸出額（名目）

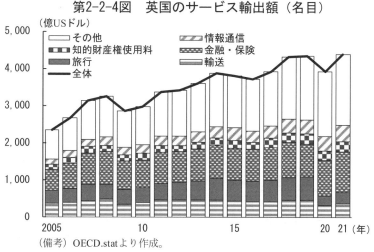

（備考）OECD.statより作成。

---

[125] その他の分類には、研究開発サービス、法律、会計、経営コンサルティングサービス、広報、広告、市場調査サービス等が含まれている 。

日本のサービス輸出は、2020年以降、感染症拡大の影響により旅行サービス輸出が急減したものの、知的財産権やその他ビジネスサービス等の輸出は堅調に推移し、2021年、2022年はおおむね横ばいとなった。2023年には旅行サービス輸出が回復したことで、サービス輸出は感染症拡大前(2019年)の水準をほぼ取り戻している（第2-2-5図）。

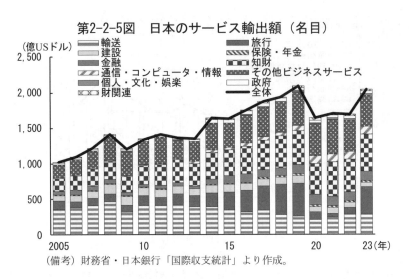

第2-2-5図　日本のサービス輸出額（名目）

（備考）財務省・日本銀行「国際収支統計」より作成。

　中国においては、ゼロコロナ政策の実施に伴い、2020年の感染症拡大以降は旅行サービス輸出が急減しており、2022年においても回復していない。一方、輸送サービスが2021年には2020年比で倍増するとともに[126]、情報通信やその他ビジネスサービスは堅調に増加したことから、サービス輸出の総額は2021年には2019年比で大幅な増加に転じており、2022年も増加が続いている（第2-2-6図）。

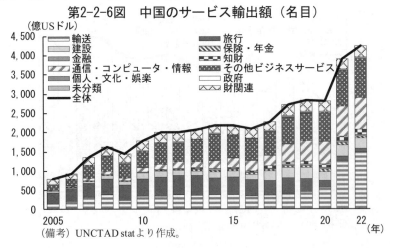

第2-2-6図　中国のサービス輸出額（名目）

（備考）UNCTAD statより作成。

---

[126]当局は、感染症拡大に伴う貨物貿易の増加や価格上昇等の影響を受け、運輸サービスの輸出が急成長したと説明（中国商務部（2022））。

インドにおいても、2020年には感染症拡大を受けたロックダウン、2021年には感染の
急拡大が生じた中で、旅行サービス輸出が急減した。一方、情報通信、その他ビジネス
サービス（コールセンターやバックオフィス機能の請負）の輸出の増加ペースは、2021
年以降加速した。2022年のサービス輸出の伸びは、通信・コンピュータ・情報やその他
ビジネスサービス等の主要な項目で、感染症拡大以前のトレンドを上回っている（第2-
2-7図）。

第2-2-7図　インドのサービス輸出額（名目）

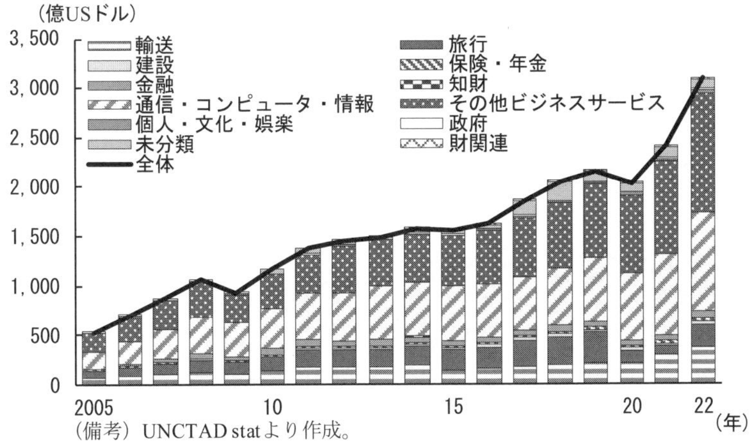

（億USドル）

凡例:
- 輸送
- 建設
- 金融
- 通信・コンピュータ・情報
- 個人・文化・娯楽
- 未分類
- 全体
- 旅行
- 保険・年金
- 知財
- その他ビジネスサービス
- 政府
- 財関連

（備考）UNCTAD stat より作成。

各国のサービス貿易収支を分野別にみると、知的財産権については、アメリカが大幅な黒字（輸出超）であり、日本、英国も輸出超となる一方、中国、インド、ASEANは赤字（輸入超）となっている（第2-2-8図（1））。ユーロ圏は、アイルランドの赤字幅が突出して大きい[127]ことから、アイルランドを除けば近年は黒字傾向で推移している。金融については、アメリカと英国が大幅な黒字であり、アメリカは増加基調、英国は黒字を安定的に維持している。ASEANはシンガポールを除けば赤字で推移している（第2-2-8図（2））。保険・年金については、アメリカが大幅な赤字を続けている一方、英国は一貫して黒字を維持しており、同分野での競争力の高さを示している（第2-2-8図（3））。

第2-2-8図　各国のサービス貿易収支（分野別）

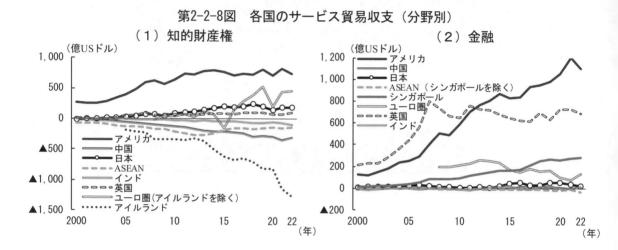

（1）知的財産権 （2）金融

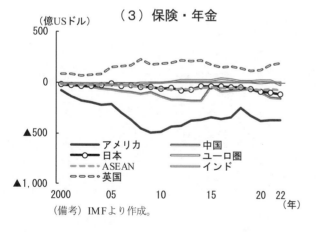

（3）保険・年金

（備考）IMFより作成。

---

[127] アイルランドでは、低い法人税率による企業誘致を背景に、アメリカ等の大手企業が子会社を設立し知的財産権を移行していることから、子会社による親会社からの知的財産権の購入費用が計上され、大幅な支払超過となっている。

（感染症拡大・収束を経てデジタル貿易の拡大が加速）

　2020年から2022年には、各国で感染症が拡大し、一部の国では生産活動や物流への支障が生じる中で、部品等の供給制約が発生し、財貿易を停滞させることとなった。また国境をまたぐ人の移動が控えられる中で、旅行サービスや運輸サービス等の一部のサービス貿易も下押しされることとなった。

　一方で、サービス貿易には、人が物理的に国境をまたぐ旅行等の他にも、デジタルサービスを含め、様々な形態があることから、感染症の影響は全体としてみれば限定的である。サービスの貿易に関する一般協定（GATS[128]）は、サービス貿易を取引の形態（モード）別に4つに分類している（第2-2-9表）。すなわち、(1)越境取引（サービスの提供者、消費者がそれぞれの国にとどまる中で、サービスが国境をまたいで取引される場合）、(2)国外消費（消費者が国外でサービスの提供を受ける場合（旅行等））、(3)商業拠点（他国における業務上の拠点を通じてサービスが提供される場合）、(4)人の移動（他国に人が移動した上でサービスが提供される場合）、となる。これらのうち、感染症拡大期には、人の移動を伴うモード2、4は下押し圧力を受けたが、モード1、3は人が物理的に国境をまたぐ必要がないため、下押し圧力は相対的に小さかった[129]と考えられる。

第2-2-9表　サービス貿易の4形態（GATSによる分類）

形態	内容	典型例	典型例のイメージ図	シェア（2017年）
1 越境取引（第1モード）	いずれかの国の領域から他国の領域へのサービス提供	・電話で外国のコンサルタントを利用する場合 ・外国のカタログ通信販売を利用する場合など		28%
2 国外消費（第2モード）	いずれかの国の領域内におけるサービスの提供であって、他国のサービス消費者に対して行われるもの	・外国の会議施設を使って会議を行う場合 ・外国で船舶・航空機などの修理をする場合など		10%
3 商業拠点（第3モード）	いずれかの国のサービス提供者によるサービスの提供であって、他国の領域内の業務上の拠点を通じて行われるもの	・海外支店を通じた金融サービス ・海外現地法人が提供する流通・運輸サービスなど		59%
4 人の移動（第4モード）	いずれかの国のサービス提供者によるサービスの提供であって、他国の領域内への移動を通じて行われるもの	・招聘外国人アーティストによる娯楽サービス ・外国人技師の短期滞在による保守・修理サービスなど		3%

（注）イメージ図の記号　●：サービス提供者、▲：サービス消費者、■：業務上の拠点、◆：自然人、○△□：移動前、◀┈┈：サービス提供、┈┈：移動、━━：拠点の設置

（備考）外務省、Ando and Hayakawa(2022)、WTOより作成。

---

[128] General Agreement on Trade in Services. WTO協定の一部であり、サービス貿易の障害となる政府規制を対象とした多国間国際協定。GATS上では、4つの形態（モード）での取引を「サービス貿易」と定義しており、各国はこの4つのモード別に自由化約束を行っている。萩野（2022）は各モードの特徴及び我が国を含めた主要国における推計方法・結果について解説している。

[129] 感染症拡大期には、各国で外出を控え自宅で余暇を過ごす時間が増えた結果、国外の映像配信サービスの利用等、需要（輸入）が増加したサービスもある。

それでは、サービス貿易の品目別にみると、どのようなモードの取引が多いのだろうか。WTO、Ando and Hayakawa (2022) によると、モード３（商業拠点を通じたサービス提供）は、多くのサービス品目において最も多くの金額を占め、全体でも６割程度のシェアとなっている。ただし、モード３のサービス提供は、GATSの概念上はサービス貿易であっても、国際収支統計上は、拠点のある国における経済活動として計上される。このため、モード３以外で最も主要な（取引金額の多い）モードをみると（第2-2-10表）、(1)モード１（越境取引）が主要な形態である品目は多岐にわたり（輸送、保険・金融、知的財産権使用料、情報通信サービス、その他ビジネスサービス（旅行関連を除く）、その他個人サービス、文化・娯楽サービス、卸・小売・修理等サービス（流通））、金額ベースで全体の３割程度を占める。(2)モード２が主要な形態である品目には、財関連サービス[130]、旅行・出張、教育サービス、健康サービスが該当する。(3)モード４が主要な形態である品目には、建設のみが該当する。

第2-2-10表　世界のサービス貿易（４形態別）（2017年、10億USドル）

品目	モード1 (越境取引)	モード2 (国外消費)	モード3 (商業拠点)	モード4 (人の移動)	品目別シェア
財関連サービス	0	447	0	17	1%
輸送	2,297	748	1,568	0	12%
旅行・出張	0	2,444	531.5	0	8%
建設	0	0	1,178	107	3%
保険、金融サービス	1,519	0	5,872	0	19%
知的財産権使用料	1,219	0	0	0	3%
情報通信サービス	1,077	7	3,863	251	13%
その他ビジネスサービス（旅行関連を除く）	2,397	34	4,145	750	19%
その他個人サービス	21	0	175	8	1%
教育サービス	14	281	34	7	1%
文化・娯楽サービス	18	0	137	6	0%
健康サービス	8	34	123	3	0%
卸・小売・修理等サービス	2,266	0	5,440	0	20%
上記の合計	10,834	3,995	23,064	1,148	100%
サービス全体に占めるモード別シェア	28%	10%	59%	3%	

（備考）　1．Ando and Hayakawa (2022)、WTO-TISMOSより作成。
　　　　　2．TISMOSは、国際収支統計（BOP）と海外関連会社統計（FATS）の情報を組み合わせており、モード３を含む。
　　　　　3．網掛けは、４つのモードのうち、モード３以外で主要なモードを示す。
　　　　　4．各数値は世界の輸出・輸入の平均値に基づいて算出。

---

[130] 製造業関連サービス（対象となる財の非所有者による加工・組立・ラベリング・梱包等）、維持・補修サービスが含まれる。

人の移動を伴わないサービス貿易は、コンピュータネットワークを通じた取引（デジタル配送）が可能なものが多く、近年こうした取引形態に注目が集まっている。先に見たように、サービス貿易で（モード３を除けば）主要な形態であるモード１（越境取引）のうち、デジタル配送サービス貿易（輸出額）[131]についてみると、世界の情報化が進展する中で2010年代以降堅調な増加を続けており、2020年の感染症拡大以降には更に伸び率が高まっている（第2-2-11図）。国別に特徴をみると、越境Eコマース、デジタル決済の進展等経済のデジタル化が急速に進む中国やインドのほか、低い法人税率を踏まえ大手外資企業の進出が多いアイルランド等で、特に伸び率が高い。Baldwin (2022d)は、過去15年程度にわたり、財貿易が停滞する一方でサービス貿易の伸びが高まるという成長の分化が起こった背景として、デジタル技術の発展が中間サービスを貿易可能な商品へと変えたこと、高所得国にはサービス貿易への規制がほとんどまたは全くなかったことを指摘している。

第2-2-11図　デジタル配送サービス輸出額（2008～2022年）

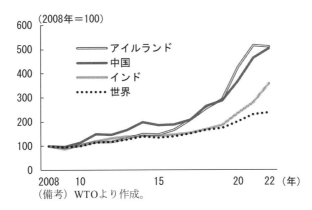

（備考）WTOより作成。

---

[131] デジタル配送サービス貿易とは、「コンピュータネットワークを通じて遠隔に配送されるサービスの国際取引」と定義され、各種サービス（保険・年金、金融、知的財産権、情報通信、研究開発、ビジネス、建設、貿易、音響・映像、健康、教育、文化等）のうち、国境を越えて電子的に配送された取引金額が推計されている(WTO (2023))。

（サービス輸出振興のためにはデジタルサービス貿易規制の改善が重要）

　このように、サービスの越境取引においてはデジタル配送が活発化しているが、各国はデジタルサービス貿易を発展させるための政策を推進しているのだろうか。OECDは、デジタルサービス貿易のボトルネックとなっている規制を特定し、より多様で競争力のあるデジタル貿易市場を育成するために政策立案者を支援するツールとして、デジタルサービス貿易制限指数[132]を2014年以降について公表している。同指数は高いほど規制が強いことを意味するが、アメリカや英国のように低位で安定し、比較的規制が緩やかな国や、ドイツのように近年規制が緩和された国がある一方で、中国やインドにおいては、従来より主要先進国に比べ規制が強かった上に、2016年以降規制は更に強化され、2018年以降は緩和がみられていない[133]（第2-2-12図）。

第2-2-12図　OECDデジタルサービス貿易制限指数

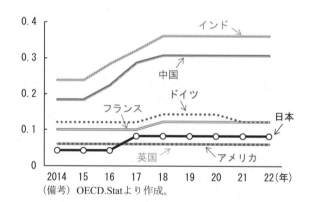

（備考）OECD.Statより作成。

---

[132] Digital Service Trade Restrictiveness Index (DSTRI). 電子ネットワークを通じたサービスを阻害または禁止する障壁の程度を測定する指数。(1)デジタル接続性（インターネット接続環境や越境データ取引等に係る規制：VPNやデータローカライゼーションを含む）、(2)電子取引（Eコマースやオンライン税申告に係る内外差別、電子署名等に係るルールの国際標準からのかい離等）、(3)電子決済システム（セキュリティ要件の国際標準からのかい離等）、(4)知的財産権（著作権・商標の取り扱いに係る内外差別等）、(5)その他デジタル対応サービス取引関連（特定ソフトの使用や技術移転の義務等）、の5つの項目の加重平均値。0から1までの値をとり、0はオープンな規制環境を示し、1は完全に閉鎖的な制度を示す。詳細はFerencz, J. (2019)を参照。

[133] 中国は、サイバーセキュリティ法（2017年）、データセキュリティ法（2021年）、個人情報保護法（2021年）に基づき、個人情報やデータの分類・等級分け、国外移転に関する規制等を定めている。インドは、2011情報技術規則、2013年会社法、2014年会社規則、インド準備銀行の指令2017−18年（153号）において、機密性の高い個人情報や決済情報に関するデータローカライゼーションについて定めている。EUは、域内で収集される個人データの保護のため、域内のデータ保護法制を一本化した「一般データ保護規則（GDPR：General Data Protection Regulation）」を定めている（2016年4月制定、2018年5月施行）。

OECD (2023a)、OECD (2023b)は、デジタルサービス貿易制限指数の中で主要な構成要素であるデジタル接続性（インターネット接続環境や、データローカライゼーション[134]等の越境データ取引等に係る政策）が改善した場合には、貿易関係が活発化すると指摘している。具体的には、2か国間[135]のデジタル接続性が1％改善した場合、同国間におけるデジタル配送可能サービスの取引額は約2.5％、情報通信サービスの取引額は約2％、情報通信財の取引額は約0.8％増加する傾向があると指摘している[136]（第2-2-13図）。

第2-2-13図　2国間のデジタル接続環境の改善と貿易量の増加

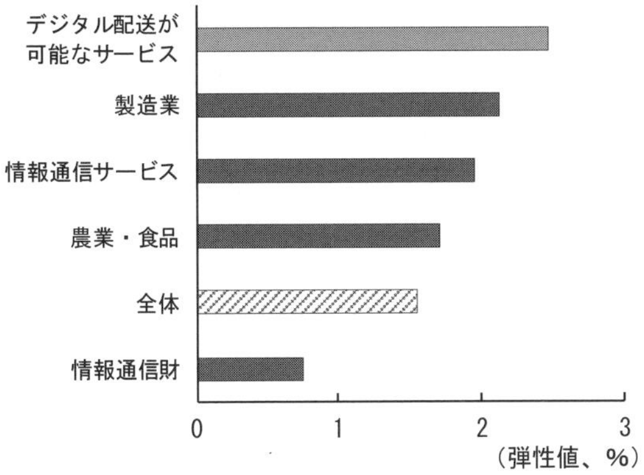

（備考）OECD (2023a)、OECD (2023b)、López González et al. (2023)より作成。

　それでは、デジタルサービス貿易の規制の強さと、サービス貿易の活発さにはどのような関係がみられるだろうか。OECDがデジタルサービス貿易制限指数を発表している対象国43か国について、同指数がおおむね横ばい傾向となった2018〜2022年を対象に、各国のサービス輸出金額の対名目GDP比（期間中の平均値）と、デジタルサービス貿易制限指数（同左）との関係を散布図でみると、インド、中国といったデジタルサービス貿易規制の強い国々は、サービス輸出金額の対GDP比が低い傾向があり、散布図の右下側に位置している[137]（第2-2-14図（1））。デジタルサービス貿易制限指数が低いアメリ

---

[134] ある国において（あるいは外国から当該国を対象に）特定の事業活動を営む場合に、当該事業活動に必要なサーバーやデータ自体の国内設置・保存を求める規制。越境個人データ移転規制では原則として本人の同意があれば海外への移転が可能であるが、データローカライゼーション規制では、対象データが個人データに限られないため（会計・税務・金融、情報通信等を含む）、データの越境移転にあたっては、当該国政府の許可等が必要となることが多い（総務省（2018））。

[135] OECD (2023a)及びOECD (2023b) の推計に用いられたのはアメリカ国際貿易委員会（USITC）の国際貿易生産データベース（ITPD-E）であり、低所得29か国、中低所得 50か国、中高所得53か国、高所得66か国となっている。

[136] López González et al. (2023) においては、デジタル接続性の改善がデジタル配信可能なサービスのみならず財及びその他サービスの貿易量を増やすこと等が定量的に示されている。

[137] アイルランド、ルクセンブルクについては、サービス輸出対GDP比が非常に高い（65％、164％）ことから、外れ値として除外している。

カ、カナダ、日本等については、サービス輸出の規模が対GDP比で高い訳では必ずしもなく、散布図の左下側に位置している。一方、オランダ、ベルギー、デンマーク、エストニア、スイス等の欧州各国は、デジタルサービス制限指数が低いとともに、GDPに比してサービス輸出の規模が大きく、散布図の左上側に位置していることが分かる。散布図の傾向線はマイナスの傾き（▲0.2051）となり、平均的には、デジタルサービス貿易制限の強い国ほどサービス輸出の規模が小さい傾向があることが分かる。

　なお、サービス輸出全体には、海外旅行等、デジタルサービス規制とは必ずしも直接的に関係しないと考えられる項目も含まれる。このため、これらを除き、情報通信、金融、個人向けサービス等を含む「その他サービス」に限定した散布図でみると、大きな傾向に変化はないものの、デジタルサービス貿易制限指数の低い欧州各国の上方向へのばらつきが低下し、傾向線（▲0.1541とマイナスの傾き）の当てはまりも改善し、傾きの推計値は統計的に有意[138]であることから、より安定的な関係がみられることが分かる[139]（第2-2-14図（2））。サービス輸出の競争力の高い一部の国々（インド、英国等）は、デジタルサービス貿易制限指数が同程度の他の国々よりもサービス輸出対GDP比が高く、傾向線よりも上側に位置している[140]。

---

[138] サービス輸出全体の係数のP値は0.110、その他サービスの係数のP値は0.045。
[139] 同様に、サービス輸入（その他サービス）の対GDP比の散布図でも、傾向線の傾きはマイナス（▲0.130）となるが、係数の推計値は統計的には有意とならない（係数のP値は0.052）。
[140] その他サービス貿易収支の対GDP比の散布図では、傾向線は、係数はマイナスであるが絶対値が小さく（▲0.024）ほぼ水平であり、統計的にも有意ではない（係数のP値は0.506）。

第2-2-14図　サービス輸出とデジタルサービス貿易制限指数の関係
（1）サービス輸出（全体）

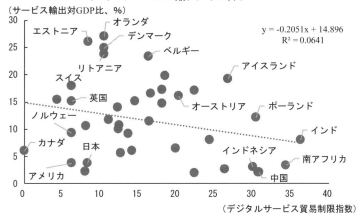

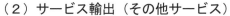

（2）サービス輸出（その他サービス）

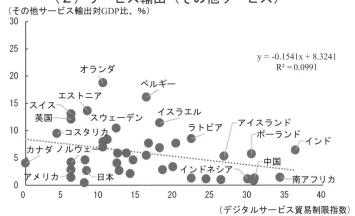

（備考）　1．IMF、OECD、UNCTADより作成。2018〜22年平均値。
　　　　　2．「その他サービス」は、旅行、運輸、財関連サービスを除くサービス。
　　　　　　　情報通信、金融、個人向けサービス等を含む。

　以上から、各国でサービス輸出を振興していく上では、輸出元、輸出先の双方で、デジタルサービス貿易に係る規制の適正化・改善[141]を進めていくこと、それに加えて当該分野の生産性や国際競争力を高めていくことが必要と考えられる。

---

[141] 伊藤（2021）は、データの移転制限が企業や政府のデータ管理コストを高めていることから、データ流通政策の制度の統一化やルールの整理・明確化が必要と指摘している。また、López González et al. (2023) は、デジタル接続性やデジタル貿易政策は、先進国以上に新興国における貿易費用の重要な決定要因であると指摘している。

コラム5　デジタルサービス貿易規制とサービス貿易規模の変化

　デジタルサービス貿易制限指数とサービス貿易規模には、一定の負の比例関係は確認
できるものの、サービス輸出の競争力等各国の特徴に応じたばらつきも大きいことが示
唆されている。そこで、デジタルサービス貿易制限指数の高い中国、インドと、同指数
の低い英国、カナダに限定し、各国のサービス輸出額・輸入額対名目GDP比の経年比較
を行うと、以下のような特徴がみられる（図1）。

(1)中国、インドは、本文でも述べたように、2014年以降デジタルサービス貿易制限指数
の上昇に伴い右側にシフトしている。その間、情報通信分野を始め競争力の高いインド
のサービス輸出額は、対名目GDP比が上昇する方向（上側）に移行しているが、中国の
サービス輸出額は、対名目GDP比が一定で、かつ低い値で推移している。サービス輸入
額（図1ではマイナスで表示）については、インドは対名目GDP比の上昇（下側に移動）
が輸出額に比べ緩慢であり、中国は更に低い値にとどまっている。

(2)デジタルサービス貿易制限指数が低位で安定している英国は、サービス輸出額、輸入
額ともに対名目GDP比が高水準となっている。カナダは、2018年にデジタルサービス貿
易制限指数がゼロまで低下しており、その後はサービス貿易の規模が柔軟に拡大してい
る。

図1　デジタルサービス貿易制限指数とサービス貿易

（その他サービス輸出対GDP比、%）

（その他サービス輸入対GDP比（逆符号）、%）　　　（デジタルサービス貿易制限指数）

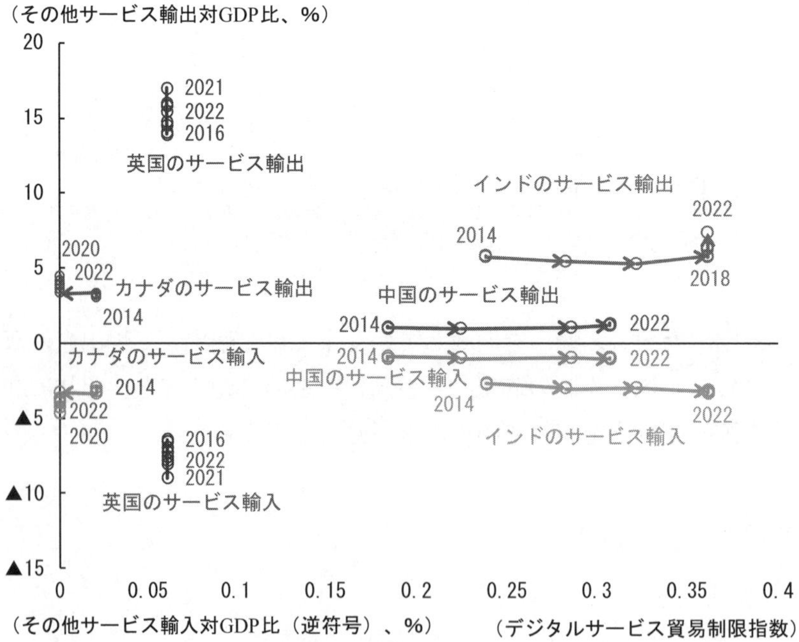

（備考）IMF、OECD、UNCTADより作成。

また、デジタルサービス貿易制限指数が発表されている43か国のデータ（2014〜2022年）を用いて、固定効果モデルのパネル分析を行うと、デジタルサービス貿易制限指数の差分項の係数はマイナスで有意となる（付注2−1）。

　以上から、デジタルサービス貿易の制限度合いの高まりは、サービス貿易の規模の拡大を抑制する傾向がみられる。

第3節　直接投資の動向

　第1節では財貿易、第2節ではサービス貿易の動向を確認した。続いて本節では、貿易以外の国境を越える経済取引である直接投資の動向を確認する。本節では最初に、直接投資に関する主な経済理論を紹介した上で、各国の直接投資の動向を整理する。近年は経済安全保障の観点から、「地政学的距離[142]（Geopolitical distance）」の近い国々への直接投資のリバランスが進んでいる傾向がみられていることを踏まえ、米欧の直接投資誘致政策と、中国における直接投資の減少の動向を確認する。さらに、一部の戦略的分野における直接投資は、地政学的距離の近い国々に集まる「分断化[143]（Fragmentation）」が進行していることを確認し、今後の動向を展望する。

1．直接投資に関する主な経済理論

　海外市場に製品を供給する手段として、輸出[144]と直接投資を比較すると、以下のように整理される（第2-3-1表）。輸出の場合には、国内工場で生産を行える（固定費用が小さい）ものの、輸送・関税コストがかかる（可変費用が大きい）。海外直接投資は、海外に子会社を設立・維持する費用がかかる（固定費用が大きい）ものの、海外市場への輸送コストを減らすことができる（可変費用が小さい）。このような特徴を踏まえ、新々貿易理論[145]は、生産性の水準と、企業の海外への事業展開に関係があることを指摘している。同理論では、生産性が一定の水準を超えれば、企業は輸出を開始し、更に生産性が高まれば、海外直接投資に伴う固定コストを賄うことが可能となることをモデルで示しており、各国の実証分析でも、生産性と企業の海外事業展開の間の関係が確認されている（第2-3-2図）[146]。

第2-3-1表　海外市場に製品を供給する手段の比較

	メリット	デメリット
輸出	国内工場に生産を集中させ、規模の経済を生かせる	輸送・関税コストが大きい
海外直接投資	輸送コストが小さい	海外子会社の設立・維持費用が大きい

（備考）Brainard (1997)、田中（2011）より作成。

[142] 同盟の有無に起因する、2国間の地政学的な立場の隔たりを指す。国連理事会における投票行動等からの計測が行われており、近年は貿易や直接投資への影響の研究が進められている。

[143] 貿易摩擦や地政学的な緊張の高まり等を背景に、貿易・投資関係が希薄となることを指す。

[144] 本節では、直接投資に対比させて貿易に言及する際、表現の簡素化・具体化のため、便宜的に財貿易を想定した例示（「製品」「工場」等）を行っているが、サービス貿易についても同様の議論が可能。

[145] Melitz (2003)、Helpman et al. (2004) 等。

[146] 日本企業については若杉他（2008）等。

第2-3-2図　企業の生産性と対外事業活動（輸出・海外直接投資）の関係（概念図）

退出	非国際化企業	輸出企業	海外直接投資企業
	国内供給のみ	国内供給 ＋ 海外へ輸出	国内供給 ＋ 現地子会社から海外へ供給

0　　　　　　　　　　　　　　　　　　　　　　　　　　　　　　生産性

（備考）Helpman et al. (2004)、田中（2011）より作成。

　こうした理論的、実証的分析は、世界経済のグローバル化が進み、規模の大きな多国籍企業が直接投資を拡大する状況と整合的であった。しかしながら、2010年代半ば以降、自由主義的なグローバル化の拡大に変化が生じ、GVCの強靭化や経済安全保障の観点が重視されるようになると、企業の意思決定にも変化がみられ、従来の枠組みとは異なる視点も必要となっている。例えば、米中貿易摩擦により関税が引き上げられる場合には、可変費用が高まることとなり、輸出企業は本国からの輸出を、海外市場における現地生産、もしくは関税対象とならない第３国からの輸出に切り替える誘因が生じる（例：中国企業のASEANへの進出等）。また、海外の直接投資先において、一部品目（例：半導体等戦略的分野の品目）の供給不足や感染症拡大等の要因により、サプライチェーンに目詰まり・断絶のリスクがある場合には、海外子会社の維持費用が収益に見合わないこととなり、海外直接投資の縮小・撤退や第３国への移転が選択肢となり得る[147]。

　こうした中で、浦田他（2022）は、企業が直接投資を行う動機として、(1)市場追求動機（海外市場での販売）、(2)生産効率追求動機（低コスト生産の実現）、(3)資源追求動機（天然資源の獲得）を挙げるとともに、企業が輸出やライセンス契約を通じた販売等ではなく直接投資を選ぶのは、(A)企業特殊資産の優位性（海外市場での不利な要素を克服する特殊資産（技術、ブランド等）があること）、(B)立地上の優位性（天然資源、低賃金労働、貿易政策、法人税等の要因から、海外生産が望ましいこと）、(C)内部化の優位性（企業間取引に困難が伴う場合、企業内の取引とすること）がある場合とし、経済的コストのみに注目した新々貿易理論よりも幅広い視点に基づく議論を行っている。

　そこで本項では、各国の海外直接投資の動向を確認するとともに、上記の理論的枠組みを踏まえて整理・検討し、今後の展望と政策的含意の整理を試みる。

---

[147] 上海米国商会（Amcham Shanghai (2022)）による在中アメリカ企業への調査によると、過去一年間に中国に投資予定であった計画を他国・地域の市場への投資に変更した企業は３割に達した。１～３年以内に事業・拠点の中国外への移転を検討中とした企業は17%となり、理由として米中関係、防疫措置、サプライチェーンへの影響等が挙げられた（内閣府（2023a））。

２．直接投資の停滞とその背景

（2010年代後半以降は世界の対内直接投資は停滞傾向）

　世界の直接投資額（対内フロー）は、2008年のリーマンショックの後は増加傾向となっていたが、2015年をピークに減少傾向に転じた[148]（第2-3-3図）。これは、世界的に財貿易の伸びが鈍化した時期と重なっている（本章第１節参照）。2018年の米中貿易摩擦の高まり、2020年の感染症拡大期には大幅に減少した後、2021年には2019年とほぼ同水準まで戻ったが、2022年には再び減少した。特に、EU向けがマイナス[149]に転じるとともに、中国向けは上海ロックダウンを背景にして▲48％と大幅な減少となっている。

第2-3-3図　世界の直接投資額（対内フロー、ネット）

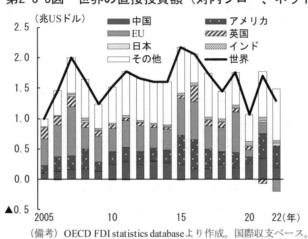

（備考）OECD FDI statistics databaseより作成。国際収支ベース。

---

[148] 直接投資は、通常、経営参加を目的とした中長期的な投資という性質を有するため、安定的なフローと認識されてきたが、近年は低税率国を介した節税目的の取引のウェイトが高まっており、後者は伝統的な直接投資に比べ変動が大きい点に留意が必要である（鷲見（2020）、Damgaard, Elkjaer, and Johannesen (2024)）。
[149] 国際収支ベースで、国外企業と現地子会社・関連会社との間で一定期間中に発生した債券投資・貸借取引等の取得と処分の差額。

（地政学的距離の近い国同士の投資が増加傾向）

　続いて、各国の直接投資額（フロー）の動向を国・地域別に確認する。

　中国向けの直接投資額（実行ベースのフロー、グロス）は、2016年から2017年にかけて、人件費の上昇や人民元高を受けて伸び率が低下した（第2-3-4図（1））。米中貿易摩擦が高まった2018年以降2020年の感染症拡大まで、2015年までのトレンドよりも低い伸び率となったが、感染症拡大が小康状態となっていた2021年には大幅に上昇した[150]。ただし、速報性の高い対中直接投資額（国際収支ベースのフロー、ネット）をみると、2022年以降は減速している[151]。なお、中国向けの直接投資は、金融ハブの香港における法人を通じて行われることが多いとされ、地域別内訳は香港が大部分を占めている（2021年は72.8%）。

　中国の対外直接投資は、2017年の対外投資への管理強化を受けて、2019年まで対前年比で減少した[152]が、2020年からは増加に転じている（第2-3-4図（2））。香港を除くと、ASEAN向けの直接投資の比率が徐々に上昇しており[153]、感染症拡大の下でのサプライチェーンの複線化や、米中貿易摩擦の下での中国企業のASEAN進出は、その背景の1つと考えられる。

第2-3-4図　中国の直接投資額の推移（フロー、グロス）

（1）対内直接投資　　　　　　　　（2）対外直接投資

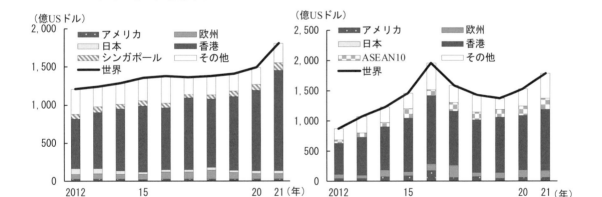

（備考）国際貿易投資研究所（2023）より作成。実行ベース。

---

[150] 中国向けの直接投資額の伸び率は、2015年＋5.5%、2016年＋1.6%、2017年▲1.0%、2018年＋1.5%、2019年＋2.1%、2020年＋5.7%、2021年＋21.2%。2021年は、東南アジアを含む各国では感染症拡大により一部で生産活動が停滞する一方、中国ではいわゆるゼロコロナ政策により感染症が抑制されていた。

[151] 後掲第2-3-18図参照。

[152] 2017年8月に公布された「対外投資の方向性の更なる誘導・規範化に関する指導意見」により、不動産、ホテル、映画館、娯楽業、スポーツクラブ等への投資が制限された影響が大きかったとされる（小宮（2018））。当局はこうした制限の背景として、一部の企業が採算についての十分な検討もないまま、直接の生産活動に結びつかない分野（不動産等）に投資を行い、資金の国外流出を招き、中国の金融安定に影響を与えた点を挙げた（中国国家発展改革委員会（2017））。

[153] 2016年は5.2%、2021年は11.0%。

アメリカ向けの直接投資は、欧州、日本、カナダが大宗を占める[154]（第2-3-5図（１））。2017年以降は低下傾向となっていたが、2021年には急増し、2019年の1.6倍、2010年代で最も規模の大きかった2015年の83％相当となった。また、アメリカの対外直接投資は、2018年に各国向けともに規模が縮小した[155]後、2021年には2017年比でもプラスの水準まで回復しており、特に欧州向けの投資額の増加がみられる[156]（第2-3-5図（２））。こうした近年のアメリカ・欧州間の直接投資額の増加は、米中貿易摩擦等による貿易・投資上の不確実性の高まりの下で、地政学的距離の近い国同士の投資の割合が高まる傾向を示唆しているとみられる。

第2-3-5図　アメリカの直接投資額の推移（フロー、ネット）

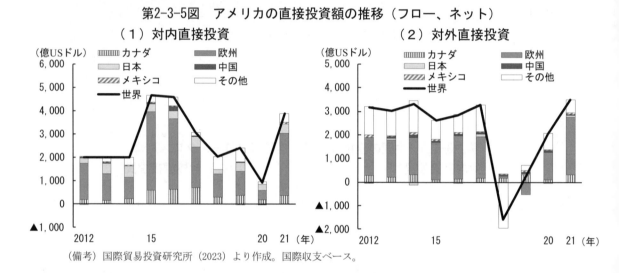

（備考）国際貿易投資研究所（2023）より作成。国際収支ベース。

---

[154] 2012〜21年の平均シェアは86.5％（欧州57.8％、日本14.9％、カナダ13.9％）。
[155] 大幅な減少となったのはバミューダ諸島向け（▲1,495億USドル）。2018年の対外直接投資がマイナスとなったのは、同年の税制改革の影響により、アメリカ企業が海外子会社の留保利益（国際収支統計上の「再投資収益」に相当）を自国に還流させたことが影響したためとされる（鷲見（2020）、Damgaard, Elkjaer, and Johannesen (2024)）。
[156] 構成比でみても、欧州向けのシェアは、2012〜2017年平均は54.4％、2021年は69.8％。

次に、アメリカと地政学的距離が近いカナダ向けの直接投資をみると、アメリカからの投資額が大きい[157]（第2-3-6図（1））。2010年代半ばには中国からの投資が増加する時期もみられたが、2018年の米中貿易摩擦の高まりの影響も受けて、2019年以降は中国からの直接投資が急減した。2021年にはアメリカ（2019年の1.6倍）、英国（同3.7倍）からの投資の急増と共に、全体でも大幅な増加となった。また、カナダの対外直接投資においても、アメリカ向けは大宗を占めている[158]（第2-3-6図（2））。

第2-3-6図　カナダの直接投資額の推移（フロー、ネット）

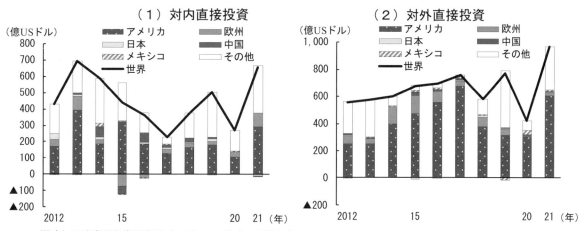

（備考）国際貿易投資研究所（2023）より作成。国際収支ベース。

---

[157] 2012〜2021年の平均シェアは47.4%。
[158] 2012〜2021年の平均シェアは63.4%。

ここからは、各国の対内直接投資に焦点を当てて動向を概観する。アメリカやカナダと地政学的距離が近いと考えられるメキシコ向けの直接投資をみると、アメリカ、欧州、カナダ、日本からの投資が大宗を占める[159]（第2-3-7図）。新NAFTAとも呼称されるアメリカ・メキシコ・カナダ協定（USMCA）が発効した2020年以降、アメリカ、カナダ2か国のシェアが更に上昇している（2019年は46.1%、2021年には54.0%）。また、メキシコ中央銀行の調査[160]によると、対象企業の26.1%が「感染症収束後の需要拡大や拠点再配置（いわゆる「ニアショアリング[161]」）の流れで自社の生産販売、投資が増えている」と回答した。他方、地域別では北部、産業別では輸出比率の高い製造業を中心に、米中貿易摩擦を受けた中国企業の拠点再配置の影響がみられている[162]。

第2-3-7図　メキシコの対内直接投資額の推移（フロー、ネット）

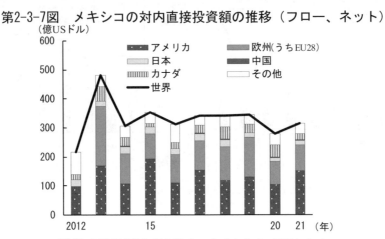

（備考）国際貿易投資研究所（2023）より作成。国際収支ベース。

　続いて、アジアの主要国に目を転じて対内直接投資の動きをみてみる。日本向けの直接投資は、2018年から2020年まで、アメリカ、欧州の伸び率が高まった[163]。2021年は感染症拡大の影響もあり大きく減少したものの、2022年にかけては為替の影響もあり、ASEANからの直接投資が伸びていることが確認できる（第2-3-8図）。

---

[159] 2012～2021年の平均シェアは85.2%（アメリカ40.7%、欧州29.4%、カナダ8.9%、日本6.3%）。
[160] メキシコ中央銀行（2023）「メキシコへの再配置に関する企業見解調査（2022年6月～2023年6月）」。調査対象は従業員100人以上の企業1,300社以上（製造業、非製造業）。
[161] 企業が事業拠点を近隣の国（多くの場合、国境を接する国）に移すこと。
[162] 中畑（2023）は以下を指摘している：(1)メキシコ経済省の現地法人数統計において、中国からの出資がある企業数は、2022年には2019年比で11.2%増加した。(2)デロイト・メキシコ（2023）では、アメリカに接する北部のヌエボレオン州やコアウイラ州において、2021～2022年に中国系企業の進出が増加しており、背景に米中貿易摩擦による追加関税を回避する目的が想定されると指摘されている。また、ヌエボレオン州政府HP（2023年10月）によれば、アメリカのセーフガード（緊急輸入制限措置）の対象となっている太陽光発電関連の中国企業も進出する動きがみられる。
[163] 対日直接投資額の前年比は、アメリカ：2018年＋6.3%、19年＋170.5%、20年＋1.1%。欧州：2018年＋77.0%、19年＋19.0%、20年＋345.4%。

第2-3-8図　日本の対内直接投資額の推移（フロー、ネット）

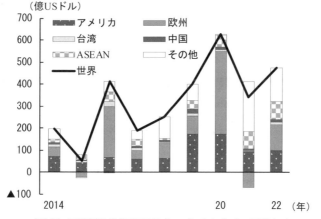

（備考）国際貿易投資研究所（2023）より作成。国際収支ベース。

　インド向けの直接投資は、ASEAN諸国からの投資の継続的な増加がみられており、2015年以降は欧州からの投資を上回り、国・地域別では最も大きな規模となっている（第2-3-9図）。他方、アメリカからの投資は2020年に急増しており、ASEANに次いで２位の規模となっている。2020年は感染症拡大の下でIT関連の直接投資が活発[164]となり、過去最高額を記録した。

第2-3-9図　インドの対内直接投資額の推移（フロー、グロス）

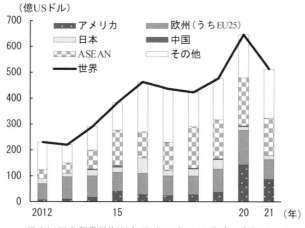

（備考）国際貿易投資研究所（2023）より作成。実行ベース。

[164] コンピュータ（ソフトウェア・ハードウェア）が全体の39.7％を占め、前年の3.3倍となった。

タイ向けの直接投資をみると、為替や変動の大きい金融関連の直接投資[165]の影響もあり、欧州からの投資がマイナスとなる年もみられる（第2-3-10図）。こうした中、日本からの投資額は継続的に流入超過となるとともに、近年は中国からの直接投資の継続的な増加がみられている。

第2-3-10図　タイの対内直接投資額の推移（フロー、ネット）

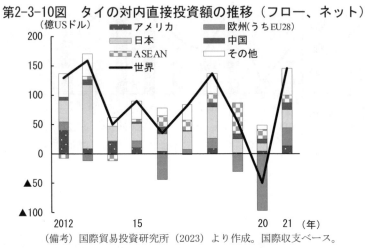

（備考）国際貿易投資研究所（2023）より作成。国際収支ベース。

　ベトナム向けの直接投資は、感染症拡大期の2020年を除くとほぼ一貫して増加傾向が続いており、ASEAN向け投資のハブとされるシンガポールからの投資の継続的な増加がみられる[166]。また近年は中国の直接投資額が2020年を除き高い伸び率となっており[167]、米中貿易摩擦を受けた中国企業の生産拠点の移管はその一因と考えられる（第2-3-11図）。

第2-3-11図　ベトナムの対内直接投資額の推移（フロー、グロス）

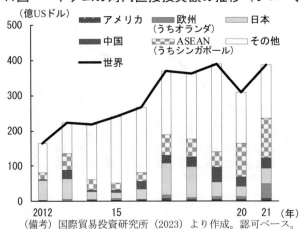

（備考）国際貿易投資研究所（2023）より作成。認可ベース。

---

[165] 本項脚注148参照。
[166] 「その他」に含まれる国のうち、投資規模の大きな国・地域としては、韓国、香港が挙げられる。
[167] 中国の直接投資額（前年比）は、2018年＋18.4％、19年＋62.5％、20年▲36.5％、21年＋14.9％。

最後に、欧州主要国の動向を確認する。ドイツ向けの直接投資をみると、2010年代初めからユーロ圏の比率が高く、2018年には全体の81.8%に達するなど、圏内の投資関係の強化が進んでいる（第2-3-12図）。加えて、2020年以降はユーロ圏以外のEU諸国の比率も高まっている。

第2-3-12図　ドイツの対内直接投資額の推移（フロー、ネット）

（億USドル）
2,000
1,500
1,000
500
0
▲500
アメリカ
欧州（うちユーロ圏）
日本
中国
その他EU
その他
世界
2012
15
20
21
（年）

（備考）国際貿易投資研究所（2023）より作成。国際収支ベース。

英国の対内直接投資は、国民投票でEUからの離脱が選択された2016年に、ポンド安の中で英国企業を買収する動き等により急増した後、2017年、2018年にEU諸国を中心に急減した（第2-3-13図）。2020年１月末の正式離脱を経て、2021年の英国向け直接投資はマイナスとなり、主要国の中でプラスを維持したのはアメリカのみとなっている。

第2-3-13図　英国の対内直接投資額の推移（フロー、ネット）

（億USドル）
3,000
2,500
2,000
1,500
1,000
500
0
▲500
▲1,000
アメリカ
欧州（うちEU27）
日本
中国
カナダ
その他
世界
2016年６月　国民投票でEU離脱を選択
2020年２月　EU離脱
2020年末　EU法適用の移行期間の終了
2012
15
20
21
（年）

（備考）国際貿易投資研究所（2023）より作成。国際収支ベース。

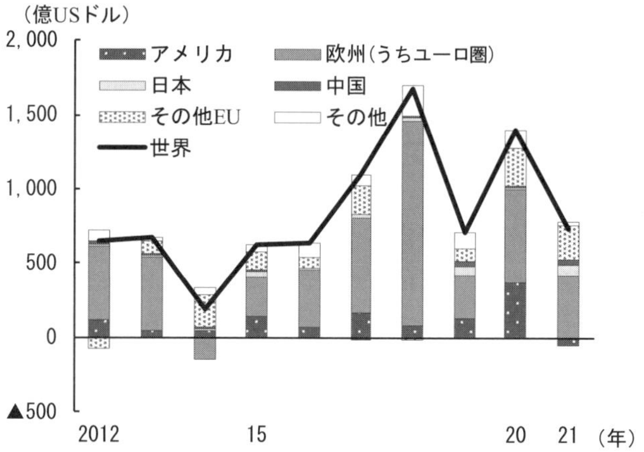

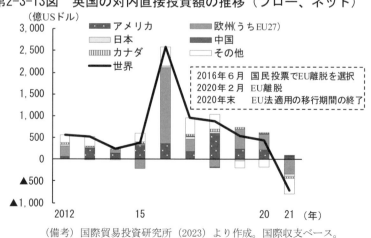

このように、各国の対内直接投資には、2010年代半ば以降に、米中貿易摩擦や感染症拡大を受けて、(1)総量の伸び率の低下ないしは減少、(2)構成国比率の変化（多くは地政学的距離の近い国々の比率の上昇）、のいずれかもしくは双方がみられる例が多い。
(1)直接投資の総量の減少や伸び率の低下の背景には、本節冒頭の経済理論を踏まえると、海外市場における（期待）収益率の低下、サプライチェーンの設立・維持コスト（固定費用）の上昇があると整理できる。前者については、投資先国における潜在成長率の低下や賃金コストの上昇等が挙げられる。後者については例えば、各国における感染症拡大時の経験を経た変化が挙げられる。特に、移動制限を含む厳格な防疫措置が実施された中国では、そうした防疫措置の下で迂回・代替ルートの確保を含めたサプライチェーンの維持コスト（固定費用）の上昇がみられ、防疫措置が緩和された後もコスト上昇のリスクに鑑みて、対内直接投資の顕著な減少がみられている可能性がある。
(2)構成国比率の変化については、背景に地政学的リスクの高まりがあると考えられる。一般に企業は直接投資先として、相対的にみて便益がコストを大きく上回る国を選択することから、コスト対比での便益が下がれば、別の投資先国に振り替えていくこととなる。米中貿易摩擦や感染症拡大等を経て、政策面での後押しもあり、戦略的分野等経済的コスト以外の側面を重視する必要のある分野を中心に、企業が投資先として地政学的距離の近い国という枠内での選択や、ひいては国内一貫生産といった選択を採るようになっていると考えられる。
　このように、経済的コスト以外の要因も、直接投資の動向やサプライチェーンの変化の背景にあるとみられ、こうした変化に伴い企業の生産コストが増加する場合も多いと考えられる。生産コストの増加が生じる場合には、製品価格への転嫁を通じて発生する消費者の負担増についても留意が必要である[168]。

---

[168] 2023年9月にはiPhone15が発売されたが、アップル社の平均販売価格は上昇が続く中（2022年は996ドルで17年比3割上昇、IDC調べ）、割高感から販売台数の停滞が指摘されている。背景には開発コストや資源価格の上昇といった要因に加え、サプライチェーンの中国一極集中の解消があるとされる（浜崎（2023））。

３．経済安全保障の観点からの直接投資の誘導と制約

（アメリカでは経済安全保障の観点からの直接投資の誘導と制約が進展）

重要物資の輸入先が特定の国に集中する傾向が強まれば、供給ショック等のリスク対応がより困難になる。主要国・地域では、感染症拡大を受けてリスクに対する備えが重要との問題意識が高まり、域内投資を優遇する施策が進められている。また、そうした中で、欧米においては特にサプライチェーン上の重要分野となっている半導体のサプライチェーンの強化が進んでいる。

2022年８月にアメリカで成立した「インフレ抑制法」は、基本的には脱炭素に向けた取組が主眼の財政政策パッケージであるが、経済安全保障を意識した政策が含まれている[169]。

さらに同月には、経済安全保障の観点から、半導体サプライチェーンの強化を目的とした財政政策パッケージである「CHIPS及び科学法」が成立している。同法が成立した背景には、アメリカは世界の半導体供給量の約10%、先端半導体については皆無に等しい量しか生産しておらず、世界の半導体供給量の75%を東アジア地域が占めているため[170]、こうした特定の地域にサプライチェーンが集中すること自体がリスクであるという問題意識がある。

これらのサプライチェーンの国内回帰に向けた動きに加え、2023年８月には、バイデン大統領が「懸念国[171]における特定の国家安全保障技術及び製品への投資に関する大統領令[172]」に署名した。この大統領令は、次世代の軍事技術に不可欠な技術を保護することを目的としており、主な規制対象は(1)半導体・エレクトロニクス、(2)量子情報技術、(3)人工知能の３点である。なお、今回の大統領令では方針が示されたのみであり、具体的な規制方法については、現在アメリカ財務省で検討が進められている。これまでも半導体等を中心に対中輸出規制は進められてきたが、今回の大統領令により規制範囲が財輸出のみならず中国向け直接投資にも拡大する見込みであり、今後の直接投資の動向に影響を与える可能性がある。

このようにアメリカでは、域内投資の促進と対外投資への規制の動きがみられ、経済安全保障の観点から直接投資をめぐる環境に変化が生じてきているものと考えられる。

---

[169] インフレ抑制法と半導体法の詳細については、第１章第１節のアメリカの設備投資に関する項目を参照。
[170] The White House (2022).
[171] 大統領令公表時点では、懸念国としては中国のみ（香港、マカオ含む）が指定されている。
[172] Executive Order on Addressing United States Investments in Certain National Security Technologies and Products in Countries of Concern

（EUにおいても戦略的原材料に関する努力目標を設定）

　EUにおいては、2022年12月、自動車用、産業用、携帯型等のEU域内で販売される全てのバッテリーを対象に、EUが掲げる循環型経済の理念に基づき、カーボンフットプリント[173]の申告義務や温室効果ガス排出量の上限値の導入、原材料のリサイクル等、バッテリーのライフサイクル全体に及ぶ包括的なバッテリー規則の改正が成立し、2023年8月に施行された。改正後のバッテリー規則は2024年から各種義務の履行が求められることから、EU域内では関連する設備投資が進められている[174]。

　こうした動きを受け、EUでは温室効果ガスの排出ゼロに貢献する技術やデジタル化等において経済的重要性が高く、供給リスクのある原材料である重要原材料の需要の急速な拡大が予想されているが、その多くの供給をほぼ全面的に輸入に頼っている。特に一部の重要原材料の供給に関しては、中国等の少数の域外国からの輸入に集中しているため、供給上の重大なリスクが指摘されている。そこで、2023年8月にEUは、重要原材料と戦略的原材料[175]を選定した上で、それらの域内サプライチェーンの強化と供給元の多角化を図るべく、2030年までに達成すべき努力目標を設定する重要原材料法案を発表した。今後はこうした域内サプライチェーンの構築に向けた設備投資が増加すると見込まれる。

---

[173] 製品の製造等で排出される二酸化炭素の量を示す数値。
[174] 1章1節2項第1-1-50表参照。
[175] 重要原材料は、石炭（コークスの原材料）やレアアース等23材料が指定されている。戦略的原材料は、重要原材料のうち特に戦略的重要性が高く、供給不足のおそれがあり、生産の拡大が比較的難しいものであり、アルミニウムやリチウム等17材料が指定されている。

（安全保障関連の投資審査が増加）

　近年は、安全保障関連の投資審査を導入・拡大する国の数が増えている。UNCTADによると、同審査を新規に導入した国は、1995〜2005年はわずか３か国にとどまっていたが、2006〜2016年は16か国、2017〜2022年は18か国に増加した（第2-3-14図）。既存措置の拡大は、2006〜2016年に延べ９か国である一方、2017〜2022年は延べ54か国となり、特に2018年の米中貿易摩擦の高まりや、2020年の感染症拡大を契機として、大幅に増加している[176]。

第2-3-14図　安全保障関連の直接投資審査の導入及び拡大国数

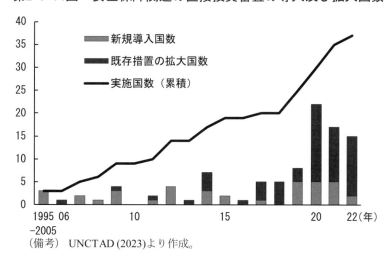

（備考）　UNCTAD (2023)より作成。

　各国において安全保障の観点から審査された直接投資の件数をみると、欧米先進国で近年大幅な増加がみられており、2019年比でドイツは2022年に2.9倍、イタリアは2020年に4.1倍、アメリカは2021年に1.9倍となった（第2-3-15表）。こうした増加傾向は、各国における審査方式の変更及び審査対象の拡大に起因している。他方、審査の結果棄却された件数は、審査件数の増加傾向に比べ、相対的に低位で推移しているとされる[177]。

---

[176] UNCTAD (2023) は、感染症拡大以降の直接投資審査の増加について、元々は保健・医薬品供給等の戦略的分野の国内供給力を保護するために時限的に導入された審査が、より包括的な検討を経て延長・拡張されたとしている。日本は、1980年に対内直接投資の事前届出制を導入し、1997年には事後報告制（国の安全等に係る業種及び例外４業種を除く）に移行したが、国際環境の変化を踏まえ、2007年、2017年に事前届出対象を拡大した（渡井（2018））。UNCTADは、2017年、2020年、2021年、2022年の既存措置拡大国に日本をカウントしている（2022年は、重要土地等調査法に基づく、特別注視区域内にある土地等に関する所有権等の移転または設定をする契約を締結する場合の事前届出制の導入（令和４年９月施行）が該当）。
[177] UNCTAD (2023) は、こうした分野では各国の情報公開が標準化されていないため、不完全な情報と留保しつつ、一年当たりの棄却件数は各国で５件以下と指摘している。

第2-3-15表　安全保障の観点から審査された直接投資件数

国名	期間	審査 件数	認可	修正／条 件付認可	棄却	取下げ
カナダ	2019/4–2020/3	10	4	..	3	3
	2020/4–2021/3	23	16	..	3	5
	2021/4–2022/3	24	16	..	0	7
フランス	2021	328	57	67	..	..
ドイツ	2019	106	..	12	..	..
	2020	160	..	12	..	..
	2021	306	..	14	..	..
	2022	306	..	7	..	..
イタリア	2019	83	39	13	0	..
	2020	342	135	40	2	..
英国	2022	222	..	9	5	..
アメリカ	2019	231	..	28	1	30
	2020	313	..	16	1	30
	2021	436	..	26	0	74

（備考）UNCTAD (2023)より作成。

（対中直接投資は減少が加速）

　このように経済安全保障の観点からの直接投資対象国の誘導と制約、安全保障関連の審査が増加する中、米中貿易摩擦の高まり等、中国を取り巻く経済環境に不確実性が増していることを受けて、対中直接投資（国際収支ベース、ネット[178]）は2018〜2019年、2022〜2023年に減速した（第2-3-16図）。特に、2022年4−6月期の上海ロックダウン以降に急減しており、2023年に入りゼロコロナ政策が撤廃されて以降も回復が進んでいない[179]。2023年7−9月期には、対中直接投資は▲118億ドルと、1998年の統計開始以降で初のマイナスとなった。同年10−12月期にはプラス転換したが、2023年は前年比▲81.2%と大幅な減少となった。

第2-3-16図　対中直接投資額（フロー、ネット）

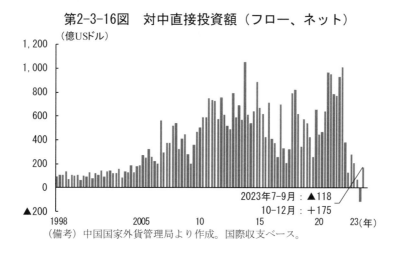

（備考）中国国家外貨管理局より作成。国際収支ベース。

　在中アメリカ企業に対するアンケート調査[180]によれば、34%の企業が過去1年で中国への投資を計画よりも減少・停止したと回答した（第2-3-17図（1））。投資を減少・停止させた理由としては、「米中貿易摩擦によるコスト高や不確実性」が1位（73%）となった[181]（第2-3-17図（2））。前回（2022年）調査時点で1位（68%）であった「感染症に起因する不確実性」は、今回調査では5位（27%）となった。感染症の影響が薄れる中

---

[178] 国外企業と現地子会社・関連会社との間で一定期間中に発生した債券投資・貸借取引等の取得と処分の差額。
[179] 2023年7月の改正反スパイ法の施行も背景の1つと指摘されている。
[180] 米中ビジネス評議会（US-China Business Council (USCBC) (2023)）、2023年9月公表（調査期間は2023年6〜7月）。回答企業は117社で、多くはアメリカに本社のある多国籍企業であり、20年以上中国で事業を展開しているとされる。
[181] 80%の企業は中国での事業は利益が上がったとしつつ、84%の企業は米中貿易摩擦の影響を受けたとした。影響の程度については、深刻な悪影響17%、悪影響66%、わずかな影響17%。

でも、米中貿易摩擦やサプライチェーンの強靱化等を理由として、対中投資が減少している状況がうかがえる。

第2-3-17図　在中アメリカ企業に対するアンケート調査
（1）過去１年で中国への投資を計画よりも減少・停止させたか

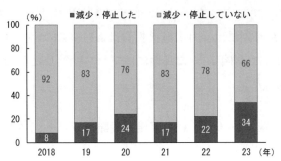

（2）過去１年で中国への投資を計画よりも減少・停止させた理由

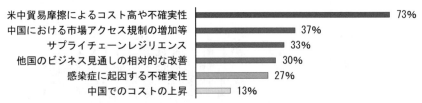

（備考）米中ビジネス評議会（USCBC）（2023）より作成。

　同様に、上海米国商会の調査[182]では、2023年の対中投資が前年比で減少した企業は22%（前年から＋３ポイント）となり、減少したと答えた企業のうち、中国向けであった投資計画を他の国・地域への投資に変更した企業は40%（同＋６ポイント）に上り、変更先の候補地としては大半が東南アジアを挙げた。今後１〜３年以内に事業・拠点の中国外への移転を検討中とした企業は19%（同＋２ポイント）となり、理由としては米中関係の不確実性関連が多く挙げられた。また、70%の企業はデータローカライゼーションや他のサイバーセキュリティ関連の要請がビジネスの障害になっていると回答した。

　中国EU商会（European Union Chamber of Commerce in China (2023)）の調査（2023年６月公表）では、中国における既存の投資・将来の投資を他の市場に振り替える企業は、既存の投資では18%、将来の投資では22%となった。振り替え先はASEAN（27%）、欧州（21%）が上位となった。背景として、米中デカップリングの影響の軽減、中国のビジネス環境の不確実性、サプライチェーンの強靱化等が挙げられた。

---

[182]　上海米国商会（Amcham Shanghai (2023)）、2023年９月公表、回答企業は325社。

中国日本商会の調査[183]によると、2023年の投資額の見込みについては、「大幅に増加させる」「増加させる」が16%、「前年同額」が37%、「前年より投資額を減らす」「今年の投資はしない」が47%となった。投資額を減らす主な理由としては、データ越境の規制による市場の不確実性、収益見通しの低下、各種コストの上昇等が挙げられた。

　さらに、IMFによると、戦略的分野の直接投資（件数ベース）は、米中貿易摩擦が高まる中、中国向けは2019年に減少に転じた（第2-3-18図（１））。2020年の感染症拡大以降は各国・地域で減少がみられたが、2021年半ばからの回復については地域的な分化がみられており、中国向けは低位にとどまっている。こうした傾向は半導体産業に絞ると更に顕著であり、2022年には中国向けの減少が続く一方で、アメリカ、欧州、アジア（除く中国）向けは高水準で推移した（第2-3-18図（２））。

第2-3-18図　対内直接投資件数の地域的分化

（１）戦略的分野　　　　　　　　　　　（２）うち半導体産業

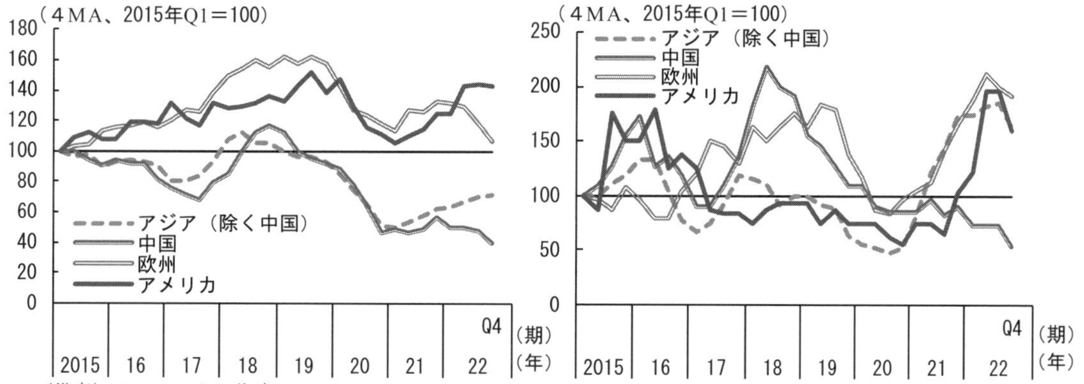

（備考）　１．IMFより作成。
　　　　　２．新規（グリーンフィールド）直接投資（件数ベース）の４四半期移動平均値。

---

[183] 中国日本商会（2023）。在中国の日本企業約8,300社を対象に、2023年９月に調査を実施（1,410の有効回答：製造業871社、非製造業539社）。

以上みてきたように、海外直接投資は地政学的距離が近い国々へのリバランスがみられ、特に戦略的分野の投資は地域的分化が進行している。これらは、(1)フレンドショアリング[184]やニアショアリングを実行に移す企業が増加していること、(2)米中貿易摩擦を背景とした経済関係の分断化が具現化しつつあることを示唆している。しかしながら、これらは各国企業の生産コストを高め、相手国のみならず自国の消費者の利益を必要以上に損なう可能性がある[185]。それを回避するためにも、経済安全保障関連の規制は真に必要な分野・製品に限定されることが必要と考えられる。このため、政府は投資規制強化を真に必要な分野・製品に限定するとともに、投資規制に対する説明責任を果たすことにより不確実性を低下させ、企業の過剰な対応を誘発しないよう努める必要がある。

---

[184] 「フレンドショアリング」とは、事業の混乱を避けるために、政治的・経済的に安全またはリスクが低いと思われる国にサプライチェーンを迂回させることである。その他、関連用語として「ニアショアリング」「リショアリング」等の用語が貿易や直接投資についての議論で用いられているが、「ニアショアリング」とは企業が事業拠点を近隣の国（多くの場合、国境を接する国）に移すことである。「リショアリング」とは企業が自国に事業拠点を戻すことである(WEF(2023))。

[185] IMF(2023) は、直接投資の分断化に伴う広範な経済的コストは長期的に世界全体でGDPの２％近くに相当し得ると試算しており、また、政策当局者はリショアリングやフレンドショアリングの背後にある戦略的な動機と、自国経済が被る経済的コストや他国への波及効果との間で慎重にバランスをとる必要があるとしている。

コラム6　地政学的距離とフレンドショアリングについての最新の研究

　ここでは、世界で最も著名な経済学会の１つであるアメリカ経済学会（AEA: American Economic Association）の2024年年次総会で行われていた国際経済学分野での最新の議論を紹介する。

　本章第１節で紹介した貿易に関する重力モデルは、２国間の貿易量は両国の地理的距離と反比例関係にあるとしているが、IMFのAiyar氏らが2023年11月に公表した研究[186]では、グリーンフィールド直接投資（新規で外国に子会社を設立する形式の直接投資）にも重力モデルが当てはまることが指摘されている。さらに、地理的距離の代わりに、地政学的距離を用いても重力モデルが成り立つことが指摘されている。

　また、グリーンフィールド直接投資の投資先としては、近年、地理的距離よりも地政学的距離が近い国へのシェアが拡大していることが指摘されている。さらに、グリーンフィールド直接投資を「戦略的直接投資[187]」と「その他直接投資」に分けると、特に「戦略的直接投資」において、地政学的距離が近いことの重要性が高まっている。M&Aにおいても同様の結果がみられると指摘されており、フレンドショアリングが進展しつつあることが最新の研究からも読み取れる。

　なお、ここで用いられている地政学的距離は、Voeten, Strezhnev and Bailey (2009)[188]に基づき、国連総会における投票パターンより推計されている。同氏らの研究により、各国の地政学的な立ち位置が数値化されており、数値が高いほど投票行動がアメリカに近いことを示し、低いほどその逆であることを意味している。図１は第77回国連総会（2022年）における投票パターンにより推計された各国の政治的な立ち位置を地図上に可視化したものである。

---

[186] Aiyar, Malacrino, and Presbitero (2023)
[187] 本論文では、戦略的直接投資とは、(1)半導体、電気通信・５Gインフラ、GX関連機器、医薬品原材料、重要鉱物分野、もしくは(2)製造業・鉱業のうち、2017年から2022年の企業決算説明会（Earnings Call）におけるリショアリング関連用語の言及数が10分位中上位３分位に入る部門であることのいずれかを満たす部門が該当するものとして分析している。
[188] 同氏らの研究に基づく推計データは、"United Nations General Assembly Voting Data"として、国連総会の会期別にHarvard Dataverseに掲載されている。

図1　国連総会投票データから推計される各国の地政学的な立ち位置（2022年）

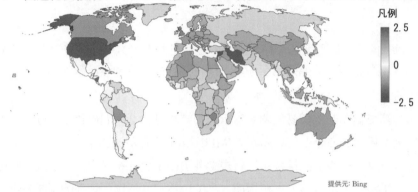

提供元: Bing

（備考）Harvard Dataverseより作成。第77回国連総会（2022年）における投票データに基づく。
　　　青色が濃いほど投票行動がアメリカに近いことを示し、赤色が濃いほどその逆である
　　　ことを示す。灰色はデータが存在しない国・地域。

　これまでの直接投資に関する研究では、地理的距離や文化的距離（共用語や植民地時代の宗主関係）に着目し、対象期間や対象国も限定的である論文が多かった。そうした中で、本論文では地政学的距離に着目するとともに、対象期間を20年、対象国を約180国と包括的に拡大した上で、地政学的距離にも重力モデルが当てはまることを検証した新しい研究であると言える。

　IMF(2023)でも、国・地域別の戦略的直接投資の受入数は、2015年以降は中国を中心にアジアが減少しており、欧米地域への投資が増えていることが示されている。また、アメリカの対外投資も、2015年から2020年1－3月期の期間と2020年4－6月期から2022年の期間を比べた中国向けの投資の減少率は、世界全体への投資の減少率よりも大きいことが示されている。本論文の分析は、このような動きとも整合的であると評価することができる。

第4節　今後の展望

　本章では、財貿易のスロートレード、サービス貿易の成長、直接投資の地域的分断化（フラグメンテーション）といった、近年変化が指摘されることの多い貿易・投資構造について、その現状と背景を確認してきた。本節では、これまでの議論を振り返るとともに、世界貿易や直接投資の今後の動向を展望したい。

　第1節では、財貿易の動向について確認した。世界の財貿易量の伸びは2010年代以降低迷しており、実質GDP成長率をおおむね下回っている。他方、米中貿易摩擦の影響は、世界貿易全体のトレンドの変化としては現れていない。アメリカの対中貿易赤字額も、二重計上の影響を排除した付加価値統計ベースでは、貿易統計ベースよりも3割程度縮小する結果となる。スロートレードの背景には、東アジア地域における内製化の進展、及び国内産業の高付加価値化の進展に伴ったGVCの後退があるとみられる。

　第2節では、サービス貿易の動向について確認した。サービス貿易について、世界のサービス輸出は、名目GDP及び財輸出の伸びを上回り、安定的な増加傾向となっており、世界経済の新たなけん引役となりつつある。各国のサービス貿易収支を分野別にみると、アメリカは知的財産権・金融、英国は金融・保険で大幅な黒字となるなど、各国固有の競争力を持つ分野がみられている。他方、デジタルサービス貿易に係る規制は一部の国で強化されており、サービス貿易の拡大を抑制している可能性がある。

　第3節では、直接投資の動向について確認した。世界の直接投資は、2015年をピークに減少傾向となり、財貿易の伸びが鈍化した時期と一致している。米中貿易摩擦の高まり及び感染症の拡大以降、安全保障関連の投資審査を導入・拡大する国が増加している。米中貿易摩擦を含む経済環境の不確実性の高まりを受け、対中直接投資は減速が継続している。半導体産業等戦略的分野の直接投資については、感染症拡大期に停滞した後の回復には地域的な分化がみられている。

　今後については、財貿易は、米中貿易摩擦自体が世界の貿易を停滞させているとまでは言えないものの、東アジア地域における国内産業の高付加価値化は引き続き進展していくとみられる中で、中長期的には伸び率の停滞が続く可能性がある。一方で、サービス貿易は、サービス部門に競争力のある国においては伸び率が高く、引き続き各国の成長をけん引することが考えられる。他方、データローカライゼーションを始めとしたデータ流通規制は程度の差はあれ強化する傾向の国・地域が多く、今後のサービス貿易の成長を抑制する可能性がある点には留意が必要である。直接投資は、米中貿易摩擦の継続に加え、上述のとおり国内回帰やフレンドショアリング、ニアショアリングが進められる中、全体の伸び率が低下傾向となるとともに、半導体等戦略的分野における地域的分断化が進行しており、今後もそうした流れは継続する可能性がある。

こうした貿易・投資構造の変化を踏まえ、各国においては、経済安全保障上のリスク対応が真に必要な分野を定めつつ、懸念されるリスク要因について解決を図るよう関係国間において努力を続けるとともに、各国企業の投資・貿易活動が過度に委縮することのないよう、リスク要因に関する情報開示や分析を続ける必要がある。また、従来の財中心の貿易から、サービス貿易のフロンティアを開拓し、(1)各国の競争力を活用したサービス輸出、(2)サービス輸入を活用することで他国の競争力を取り込み、自国の経済活動の生産性向上[189]や高付加価値化を高めていくことが望まれる。

---

[189] 例えば、アメリカ企業は、インドからのサービス輸入を積極的に活用し、コールセンター業務、財務処理等のバックオフィス機能、情報通信関連の作業等の外注を積極的に行っている（詳細は内閣府（2023b））。こうした生産工程における（中間財と対比しての）「中間サービス」の活用(Baldwin et al. (2024))は、各国企業の生産性向上や高付加価値部門への集中に資すると考えられる。

付注２－１　デジタルサービス貿易制限指数とサービス貿易の関係の推計について

１．概要

　OECD諸国を中心とする43か国のパネルデータ（９年間）を用いて、デジタルサービス貿易制限指数とサービス貿易（対GDP比）の関係を推計する。サービス貿易（対GDP比）の１期ラグと、デジタルサービス貿易制限指数の差分項を説明変数とした。

２．データ出所

　OECDによるデジタル貿易制限指数（DSTRI）、UNCTADによるサービス輸出額、IMFによる名目GDP。

３．推計方法

（１）パネルEGLS推計式（クロスセクションウェイト、国の固定効果）

$$\frac{SER\_EX_{it}}{GDP_{it}} = \beta_1 + \beta_2 \frac{SER\_EX_{it-1}}{GDP_{it-1}} + \beta_3(DSTRI_{it} - DSTRI_{it-1}) + a_i + \varepsilon_t$$

（２）推計に用いた変数の定義と内容

・iは国、tは年次。

・SER_EXは名目サービス輸出額。GDPは名目GDP。

・DSTRIはデジタル貿易制限指数（０～１の値を０～100に基準化）。

・$\beta_1, \beta_2, \beta_3$はパラメータ。$a_i$は国ごとの固定効果、$\varepsilon$は誤差項。

（３）推計期間：2014～2022年。

４．推計結果

$$\frac{SER\_EX_t}{GDP_t} = 2.192^{***} + 0.799^{***}\frac{SER\_EX_{t-1}}{GDP_{t-1}} - 0.008^{**}(DSTRI_t - DSTRI_{t-1}) + a_i + \varepsilon_t$$

$$(0.308) \quad (0.032) \quad\quad\quad (0.003)$$

自由度修正済みR^2: 0.995

　※ ***は１％、**は５％水準で有意であることを示す。括弧内は標準誤差。

（参考）対象43か国

オーストラリア、オーストリア、ベルギー、カナダ、チェコ、デンマーク、フィンランド、フランス、ドイツ、ギリシャ、ハンガリー、アイスランド、アイルランド、イタリア、日本、韓国、ルクセンブルク、メキシコ、ドイツ、ニュージーランド、ノルウェー、ポーランド、ポルトガル、スロバキア、スペイン、スウェーデン、スイス、トルコ、英国、アメリカ、ブラジル、チリ、中国、コロンビア、コスタリカ、エストニア、インド、インドネシア、イスラエル、ラトビア、リトアニア、スロベニア、南アフリカ共和国。

＜注＞代替的な推計方法

（1）パネルLS推計式（国及び年の固定効果）

$$\frac{\text{SER\_EX}_{it}}{\text{GDP}_{it}} = \beta_1 + \beta_2 \frac{\text{SER\_EX}_{it-1}}{\text{GDP}_{it-1}} + \beta_3 (\text{DSTRI}_{it} - \text{DSTRI}_{it-1}) + a_i + b_t + \varepsilon_t$$

（2）推計に用いた変数の定義と内容

・iは国、tは年次。

・SER_EXは名目サービス輸出額。GDPは名目GDP。

・DSTRIはデジタル貿易制限指数（0〜1の値を0〜100に基準化）。

・$\beta_1, \beta_2, \beta_3$はパラメータ。$a_i$は国ごとの固定効果、$b_t$は年ごとの固定効果、$\varepsilon$は誤差項。

（3）推計期間：2014〜2022年。

（4）推計結果

$$\frac{\text{SER\_EX}_t}{\text{GDP}_t} = 4.001 \quad + 0.610^{**} \frac{\text{SER\_EX}_{t-1}}{\text{GDP}_{t-1}} - 0.007 \ (\text{DSTRI}_t - \text{DSTRI}_{t-1}) + a_i + b_t + \varepsilon_t$$

$$(2.130) \qquad (0.223) \qquad\qquad (0.005)$$

$$\text{自由度修正済み}R^2 : 0.996$$

※ ***は1％、**は5％水準で有意であることを示す。括弧内は標準誤差。

参考文献

（第2章）

伊藤萬里、田中鮎夢［2023］『現実からまなぶ国際経済学』有斐閣

伊藤萬里、椋寛　［2021］「新型コロナ危機を超えて、貿易のあるべき姿を考える」経済セミナー　722号　日本評論社　2021年9月

伊藤由希子　［2021］「サービス貿易の重要性：その現状と今後」経済セミナー　722号　日本評論社　2021年9月

猪俣哲史［2019］『グローバル・バリューチェーン：新・南北問題へのまなざし』日本経済新聞出版社

浦田秀次郎、小川英治、澤田康幸［2022］『はじめて学ぶ国際経済 新版』有斐閣

熊谷聡、早川和伸、後閑利隆、磯野生茂、ケオラ・スックニラン、坪田建明、久保裕也［2023］「グローバルな「デカップリング」が世界経済に与える影響—IDE-GSMによる分析（概要版）」アジ研ポリシー・ブリーフ　No.174　アジア経済研究所　2023年2月

国際貿易投資研究所　［2023］『世界主要国の直接投資統計集（2023年版）II. 国別編』ITI調査研究シリーズNo.144

小宮昇平［2018］「中国の2017年対外投資（1）対外投資制限などの影響で初のマイナス成長に」日本貿易振興機構地域・分析レポート　2018年12月　https://www.jetro.go.jp/biz/areareports/2018/639968aa674af62b.html　（2024年2月21日取得）

総務省［2018］　『平成30年版情報通信白書　人口減少時代のICTによる持続的成長』

田中鮎夢　［2011］「輸出と外国直接投資の理論」RIETI 連載コラム 国際貿易と貿易政策研究メモ No.5　独立行政法人経済産業研究所　2011年5月

中国国家発展改革委員会［2017］「明確政策導向　優化管理服務　推動境外投資持続合理有序健康発展」2017年8月

中国商務部［2022］「商務部服貿司負責人介紹2021年全年服務貿易発展情況」2022年1月
http://fukuoka.mofcom.gov.cn/article/jmxw/202202/20220203280752.shtml　（2024年2月21日取得）

中国日本商会［2023］「会員企業　景気・事業環境認識アンケート」2023年10月

内閣府［2019a］『世界経済の潮流2018年II－中国輸出の高度化と米中貿易摩擦－』

内閣府［2019b］『世界経済の潮流2019年I－米中貿易摩擦の継続と不確実性の高まり－』

内閣府［2020］『世界経済の潮流2020年I－新型コロナウイルス感染症下の世界経済－』

内閣府［2023a］『世界経済の潮流2022年II－インフレ克服に向かう世界経済－』

内閣府［2023b］『世界経済の潮流2023年I－アメリカの回復・インドの発展－』

中畑貴雄［2023］「ニアショアリングの波も受け、投資が過去最高水準に（メキシコ）」日本貿易振興機構地域・分析レポート　2023年10月　https://www.jetro.go.jp/biz/areareports/2023/00de21796c45ba7b.html　（2024年2月21日取得）

萩野覚［2022］『グローバリゼーションの統計的把握：カネ・モノ・サービス・ヒトの越境に対応した国民経済計算体系の拡張』三恵社

浜崎翔太［2023］「インドへのiPhone生産移管進む、「15」は当初から市場投入」日本貿易振興機構ビジネス短信　2023年10月　https://www.jetro.go.jp/biznews/2023/10/04fe3805dde56c6c.html　（2024年2月21日取得）

細江僚汰［2024］「中国の自動車生産と輸出動向について」内閣府今週の指標　No.1329　2024年1月

本田真理子［2023］「中国の財輸出入の動向」内閣府今週の指標　No.1307　2023年4月

三浦有史［2023］『脱「中国依存」は可能か』中央公論新社

若杉隆平、戸堂康之、佐藤仁志、西岡修一郎、松浦寿幸、伊藤萬里、田中鮎夢［2008］「国際化する日本企業の実像－企業レベルデータに基づく分析－」経済産業研究所ディスカッション・ペーパー(RIETI-DP) No.08-J-046、2008年9月

鷲見和昭［2020］「近年の資本フローを巡る議論─日本とアジアへの資金流入動向と今後の課題」日銀レビュー 2020-J-6　日本銀行　2020年7月

渡井理佳子　［2018］「日本における対内直接投資規制の変遷」法學研究：法律・政治・社会 91（1）慶應義塾大学法学研究会　2018年1月

Aiyar, S., D. Malacrino, and Andrea F. Presbitero [2023] "Investing in Friends: The Role of Geopolitical Alignment in FDI Flows", *National Council of Applied Economic Research WP 158,* November 2023.

AmCham Shanghai [2022] *2022 China Business Report,* October 2022.

AmCham Shanghai [2023] *2023 China Business Report,* September 2023.

Ando, M. , and K. Hayakawa [2022] "Impact of COVID-19 on trade in services", *Japan and the World Economy, Elsevier, vol. 62(C)*, June 2022.

Ando, M. , K. Hayakawa, and F. Kimura [2024] "Supply Chain Decoupling: Geopolitical Debates and Economic Dynamism in East Asia", *Asian Economic Policy Review vol. 19(1)*, Japan Center for Economic Research, January 2024.

Baldwin, R. [2022a] "The peak globalisation myth part1", *CEPR VoxEU Column,* August 31, 2022.

Baldwin, R. [2022b] "The peak globalisation myth part2", *CEPR VoxEU Column,* September 1, 2022.

Baldwin, R. [2022c] "The peak globalisation myth part3", *CEPR VoxEU Column,* September 2, 2022.

Baldwin, R. [2022d] "The peak globalisation myth part4", *CEPR VoxEU Column,* September 3, 2022.

Baldwin, R. [2022e] "GLOBOTICS AND MACROECONOMICS: GLOBALISATION AND AUTOMATION OF THE SERVICE SECTOR", *NBER Working Paper 30317*, August 2022.

Baldwin, R, R. Freeman, and A. Theodorakopoulos [2024] "Deconstructing Deglobalization: The Future of Trade is in Intermediate Services", *Asian Economic Policy Review vol. 19(1),* Japan Center for Economic Research, January 2024.

Banco de México（メキシコ中央銀行）[2023] "Opinión empresarial sobre el impacto de la relocalización de junio de 2022 a junio de 2023", September 2023.

Brainard, S., L. [1997] "An Empirical Assessment of the Proximity-Concentration Trade-off between Multinational Sales and Trade", *American Economic Review , vol. 87(4),* American Economic Association, September 1997.

Damgaard, J., T. Elkjaer, and N. Johannesen [2024] "What is real and what is not in the global FDI network?", *Journal of International Money and Finance, Elsevier, vol. 140(C)*, February 2024.

Deloitte México [2023] "'Nearshoring' en México, los números detrás del relato", March 2023.

European Union Chamber of Commerce in China [2023] *European Business in China Business Confidence Survey 2023 (BCS),* June 2023.

Ferencz, J. [2019] "The OECD Digital Services Trade Restrictiveness Index", *OECD Trade Policy Papers 221,* OECD Publishing, January 2019.

Gobierno de Nuevo León（ヌエボレオン州政府）[2023] "Busca Samuel inversiones en Empresas Renovables en Beijing, China" 2023年10月

Helpman, E., M. J. Melitz and S. R. Yeaple [2004] "Export Versus FDI with Heterogeneous Firms", *American Economic Review vol. 94(1),* American Economic Association, March 2004.

IMF [2023] *World Economic outlook: A Rocky Recovery,* April 2023.

López González, J., S. Sorescu, and P. Kaynak [2023] "Of bytes and trade: Quantifying the impact of digitalisation on trade", *OECD Trade Policy Papers 273,* OECD Publishing, May 2023.

Melitz, J. M. [2003] "The Impact of Trade on Intra-Industry Reallocations and Aggregate Industry Productivity", *Econometrica, Econometric Society, vol. 71(6),* November 2003.

OECD [2023a] "Making Digital Trade Work for All", *Key issues in Digital Trade: OECD Global Forum on Trade 2023,* October 2023.

OECD [2023b] *OECD Economic Outlook, Vol. Issue 2*, November 2023.

US-China Business Council (USCBC) [2023] *USCBC 2023 Member Survey,* September 2023.

UNCTAD [2023] *World Investment Report 2023,* July 2023.

Voeten, E., A. Strezhnev, and M. Bailey [2009] "United Nations General Assembly Voting Data", *Harvard Dataverse V31* https://doi.org/10.7910/DVN/LEJUQZ （2024年1月15日取得）

The White House [2022] "FACT SHEET: CHIPS and Science Act Will Lower Costs, Create Jobs, Strengthen Supply Chains, and Counter China", August 2022. https://www.whitehouse.gov/briefing-room/statements-releases/2022/08/09/fact-sheet-chips-and-science-act-will-lower-costs-create-jobs-strengthen-supply-chains-and-counter-china/ （2024年1月22日取得）

World Economic Forum [2023] "What's the difference between 'friendshoring' and other global trade buzzwords?", February 2023.

WTO [2023] *World Trade Statistical Review 2023*, July 2023.

主な統計の入手先

国・地域	作成機関	URL
アメリカ	商務省経済分析局（BEA）	https://www.bea.gov/
	商務省センサス局	https://www.census.gov/
	労働省統計局（BLS）	https://www.bls.gov/
	連邦準備制度理事会（FRB）	https://www.federalreserve.gov/
	連邦住宅貸付抵当公社	https://www.freddiemac.com/
中国	海関総署	http://www.customs.gov.cn/
	汽車工業協会	http://www.caam.org.cn/
	銀行保険監督管理委員会	http://www.cbirc.gov.cn/cn/view/pages/index/index.html
	国家統計局	http://www.stats.gov.cn/
	財政部	http://www.mof.gov.cn/index.htm
	人民銀行	http://www.pbc.gov.cn/
ユーロ圏	欧州委員会	https://commission.europa.eu/index_en
	欧州中央銀行（ECB）	https://www.ecb.europa.eu/home/html/index.en.html
	ユーロスタット	https://ec.europa.eu/eurostat
英国	国家統計局（ONS）	https://www.ons.gov.uk/
	イングランド銀行（BOE）	https://www.bankofengland.co.uk/

国際機関等	資料名	URL
BIS： Bank for International Settlements	Effective exchange rates	https://data.bis.org/topics/EER
	Credit to the Non-Financial Sector	https://data.bis.org/topics/TOTAL_CREDIT
CEPII： Centre d'Etudes Prospectives et d'Informations Internationales	Gravity	http://www.cepii.fr/CEPII/en/bdd_modele/bdd_modele_item.asp?id=8
IMF： International Monetary Fund	World Economic Outlook	https://www.imf.org/en/Publications/WEO
	Direction of Trade Statistics	https://data.imf.org/?sk=9D6028D4-F14A-464C-A2F2-59B2CD424B85
OECD： Organisation for Economic Co-operation and Development	Economic Outlook	https://www.oecd.org/economic-outlook/
	OECD Statistics	https://stats.oecd.org/
S&Pグローバル		https://www.spglobal.com/en/
UNCTAD	UNCTAD Statistics	https://unctad.org/statistics
World Bank	Ease of Doing Business rankings	https://archive.doingbusiness.org/en/doingbusiness
	World Development Indicators（WDI）	https://databank.worldbank.org/source/world-development-indicators
WTO： World Trade Organization	WTO Statistics	https://stats.wto.org/

組織名	資料名	URL
GfK	GfK consumer-confidence-barometer	https://www.gfk.com/products/gfk-consumer-confidence-barometer

「世界経済の潮流　2023 年 II」

政策統括官（経済財政分析担当）　　　　林伴子

大臣官房審議官（経済財政分析担当）　　上野有子

参事官（海外担当）　　　　　　　　　　石橋英宣

執筆担当者

　　　荒木健伍　　伊藤久仁良　衛藤鼓　　　下平凌大　　高原滉平

　　　竹内緑　　　外ノ池愛　　仲島大誠　　布目彰秀　　花垣貴司

　　　古川茂樹　　細江僚汰　　村田晃希

（五十音順）

世界経済の潮流　2023年 II

令和 6 年 3 月29日　発行　　　　　　　　定価は表紙に表示してあります。

編　集　　　　　内閣府政策統括官室
　　　　　　　　（経済財政分析担当）
　　　　　　　　〒100-8914
　　　　　　　　東京都千代田区永田町1 - 6 - 1
　　　　　　　　電　話（03）5253-2111

発　行　　　　　日 経 印 刷 株 式 会 社
　　　　　　　　〒102-0072
　　　　　　　　東 京 都 千 代 田 区 飯 田 橋 2 - 15 - 5
　　　　　　　　　　　　　TEL 03（6758）1011

発　売　　　　　全 国 官 報 販 売 協 同 組 合
　　　　　　　　〒100-0013
　　　　　　　　東 京 都 千 代 田 区 霞 が 関 1 - 4 - 1
　　　　　　　　日　土　地　ビ　ル　1　階
　　　　　　　　　　　　　TEL 03（5512）7400

ISBN978-4-86579-407-6